鉄道会社 VS 地方自治体

データが突き付ける存続限界

鐵坊主《Tetsubozu》

KAWADE夢新書

改正地域交通再生法の施行でローカル線再編が加速する◉はじめに

2020（令和2）年からの新型コロナウイルス感染症の流行と、それにともなう社会生活の制限（コロナ禍）により、旅客流動は大きく減少し、鉄道事業者は軒並《のきな》み赤字損益を計上した。また、鉄道事業は線路施設、車両といった固定費が巨大であり、利用者減少への対応が難しく、その事業の不安定性を再認識するに至った。

そして、コロナ禍はライフスタイルを大きく変え、リモートワークやオンライン会議の浸透によって出張需要を減少させ、行動制限が解除された現在においても、コロナ禍以前の2019（平成31／令和元）年度と比較すると、長距離移動の需要の戻りは8割前後に止《とど》まっている。

また、日本の人口は2011（平成23）年以降、減少の一途《いっと》をたどり、厚生労働省の2023（令和5）年度推計によれば、2070年には人口8700万人までに減少するとされている。この未来は以前から予想されており、鉄道需要は緩《ゆる》やかな減少が見込まれていたが、コロナ禍は状況を大きく変え、鉄道事業者は長期計画において大きな軌道修正を強《し》いられ、あらゆる施策の前倒しが必要となった。

そのなかでも大きな問題となっているのが、利用者が著《いちじる》しく減少し、恒常的な赤字を計上する地方ローカル線である。１００円儲けるのに数千円から1万円以上かかるような路線が、果たして必要なのか？――経営のスリム化を図りたい鉄道事業者は、多くの地方ローカル線が公共交通として機能していない現状を訴え始めたのである。

これらの状況をふまえ、国土交通省は2つの検討会を設置した。それが地方ローカル線の今後のあり方を考える「鉄道事業者と地域の協働による地域モビリティの刷新に関する検討会」、そしてバス・鉄道を問わず、地域公共交通を考える「アフターコロナに向けた地域交通の『リ・デザイン』有識者検討会」である。

これらの検討会からの提言により、さまざまな支援制度が整備される一方、地方ローカル線の存廃議論を円滑に進めるための法律が整備された。それが２０２３年10月に施行された「改正地域公共交通活性化再生法」であり、そのなかで「再構築協議会」の設置が認められるようになったことだ。

これは、鉄道事業者または自治体が国土交通省に要請し、その必要性が認められれば設置されるもので、再構築協議会では国土交通省が中立の立場として主体的に参加し、鉄道事業者、自治体、バス・タクシーなどの公共交通事業者など、関係者が参加する。

再構築協議会の対象線区について、国土交通省は以下の条件を示している。

①都道府県をまたぐ線区

②輸送密度が1000人／日 未満を優先し、4000人／日 未満までを対象

③JRの特急列車や貨物列車が走行していない線区

再構築協議会が設置されると、3年間をめどに実証実験などが行なわれ、路線の廃止または存続の方向性が決定される。このように国が主体的にかかわることで、円滑な議論の場が提供され、鉄道維持またはバス転換の方針がより迅速《じんそく》に決定されることが期待されるわけだ。

しかしながら、バスドライバー不足が深刻化しており、地方のみならず、都心部においても減便、バス路線の廃止が珍しくない。さらに、2024（令和6）年度からドライバーの残業時間が制限され、人手不足に拍車《はくしゃ》がかかる。

そのような状態なので、鉄道路線を廃止して、代わりにバス路線を新設することは極めて困難であり、鉄道を廃止したくてもできない状況に陥《おちい》りつつある。また、人手不足は地方私鉄を中心に鉄道事業者でも深刻化しており、もはや問題は公共交通全体のあり方が問われる局面といっても過言ではない。

本書は、日本全国のさまざまな駅や路線における過去の事例、現在の状況を分析し、私たちの周囲に当たり前のようにある鉄道の持つ影響力を、より客観的に考察するものである。鉄道が持つ価値を明確にし、鉄道のみならず、公共交通の将来を考えるうえで、本著が読者の皆さんに新しいインスピレーションをもたらすことができれば、幸甚《こうじん》である。

鐵坊主

鉄道会社VS地方自治体　データが突き付ける存続限界／目次

1章　JRは歓迎、自治体は警戒。赤字路線の存廃協議のゆくえ

2章　「鉄道廃止＝地域の衰退」はもはや既定の図式なのか？

3章 北陸新幹線の延伸で泣いた都市、笑った都市

4章 新幹線は沿線自治体に恵みをもたらす存在か？

5章　新線・新駅計画が語る鉄道各社の未来戦略

6章 熾烈な生存競争が始まった公共交通の行く末

装幀◉こやまたかこ
図版作成◉原田弘和

1章

JRは歓迎、自治体は警戒。赤字路線の存廃協議のゆくえ

沿線自治体も旅客路線の維持を諦めた「新函館北斗〜長万部間」の今後

函館本線の函館駅から長万部《おしゃまんべ》駅の区間については、北海道新幹線の札幌延伸開業後、鉄道を維持した場合、初期投資として288億6000万円、毎年15億円前後の赤字と試算された。あまりにも巨額な赤字額であり、人口規模の小さな沿線自治体の財政で賄《まかな》えるものではなく、長万部町は早い時期から旅客路線としての廃止、バス転換容認という方向性を打ち出していた。他の自治体もそれに追随《ついずい》する動きを見せるが、需要がある程度見込める函館駅から新函館北斗駅の区間については、沿線の函館市、七飯町《ななえちょう》、北斗市が鉄道路線としての維持を表明している。この区間の今後について考えてみたい。

◉「物流の大動脈」ゆえに難題が続出

沿線自治体が鉄道維持を引き受けないのであれば、バス転換というのがこれまでの定石《じょうせき》だが、この路線に関してはバス転換が事実上不可能である。**1日50本以上の貨物列車が運行される、本州と北海道の物流の大動脈**だからだ。

この結果、新函館北斗駅から長万部駅の区間については、(鉄道路線として維持するのであれ

新幹線延伸後の路線存続が注目される函館本線

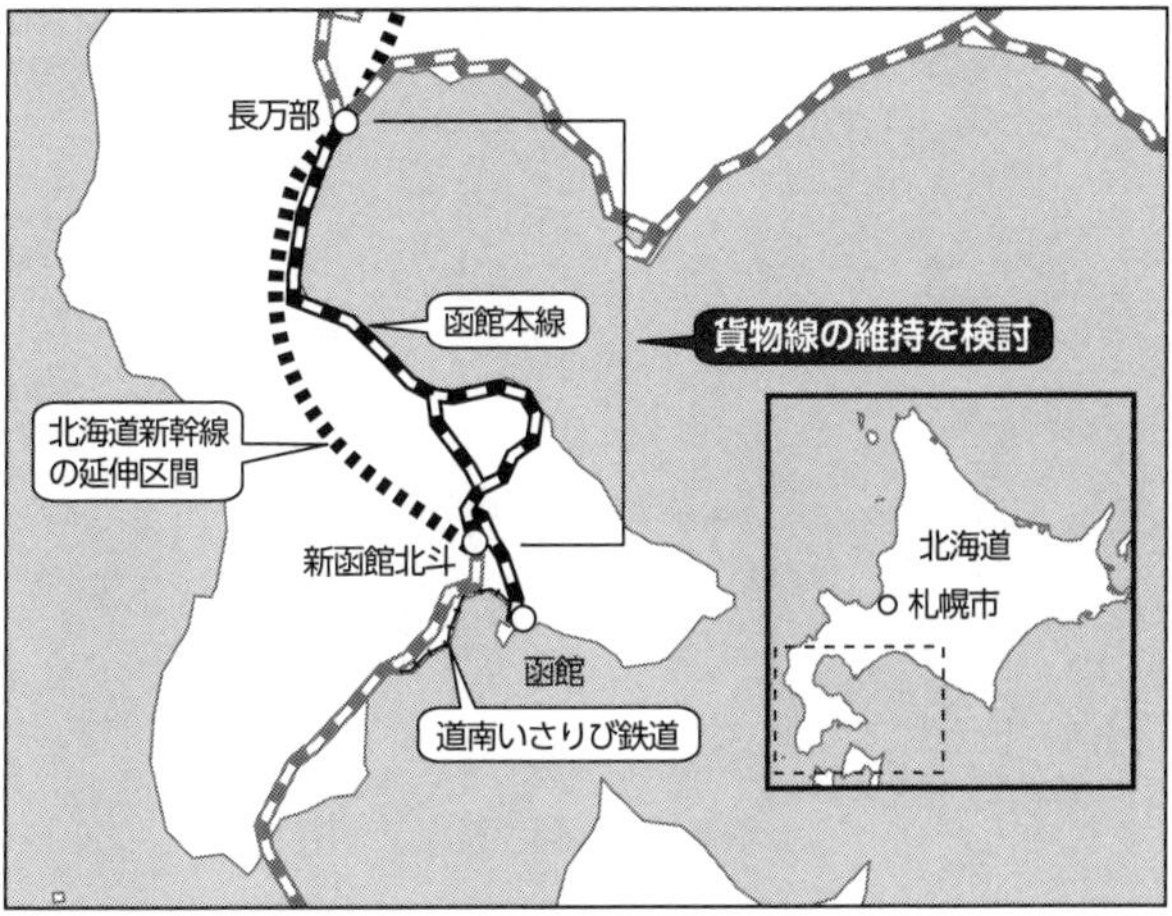

ば）貨物線として維持する必要があるわけだが、これが難題である。なぜなら、これまでの並行在来線分離では、すべて第三セクター鉄道会社が設立され、路線の継承が行なわれ、貨物ルートが維持されたのに対し、今回は貨物列車を運行するためだけの路線であり、前例はもちろん、継承先や費用負担の枠組みなどもないためだ。

その結果、国、北海道、ＪＲ北海道、ＪＲ貨物の４社協議が行なわれ、**今後は貨物線として維持する方向が示された**と報道されている。

◉北海道におけるＪＲ貨物の立ち位置とは

国土交通省が公表している数値によると、ＪＲ貨物の２０１９（平成31／令和元）年度の輸送トン数は約２９３２万トンである。それに対し、北海道でのＪＲ貨物の輸送トン数は約２３０万トン。

全体の約８％である。

割合だけで見れば、大きなものではないかもしれない。しかし、ＪＲ貨物は札幌貨物ターミナル駅に「ＤＰＬ札幌レールゲート」という物流施設を建設し、北海道の市場を重視している。

ところが、ＪＲ貨物の経営はアボイダブルコストルール（ＪＲ貨物がＪＲ旅客会社に支払う線路使用料のうち、貨物列車が走行しなければ回避できる経費〈摩耗《まもう》によるレール交換費用など〉のみＪＲ貨物が負担する。詳細は拙著『鉄道会社 データが警告する未来図』を参照いただきたい）という割安な線路使用料で成り立っており、**新函館北斗駅から長万部駅といった１００㎞近くにわたる長距離路線を自社で抱えることは不可能**だ。ＪＲ貨物も「当社単独による維持は困難」と表明している。

また、仮に新函館北斗駅から長万部駅の区間を貨物線として維持できないとなった場合、ＪＲ貨物は北海道から撤退せざるを得ないが、札幌貨物ターミナル駅への投資などを考えると、撤退はあり得ない。

さらに、もし撤退が現実のものとなった場合、現在北海道に向けて運行されている貨物列車は、行き先が青森など東北地方へ変更となる。北海道への輸送を失い、東北地方との輸送のみとなると、現在の貨物列車の運行本数では過剰となるため、本数の削減といったことも考えられる。

そして、貨物列車の運行により支払われる線路使用料と貨物調整金は第三セクター鉄道の収益の大きな部分を占《し》める。道南《どうなん》いさりび鉄道、青い森鉄道、ＩＧＲいわて銀河鉄道に加え、北陸新幹線開業にともなう並行在来線を引き受けた北陸地方の各第三セクター鉄道会社は、大きなダメージを受けることになる。とくに道南いさりび鉄道は存続することはできないだろう。

◉本来、ＪＲ北海道には関係ない話だったが…

ＪＲ北海道は、２０３０年度末に予定されていた北海道新幹線の札幌延伸に同意する条件として、函館本線、函館〜小樽間の在来線分離を挙げた。したがって、分離されたあとの函館本線について、ＪＲ北海道の責任は一切生じない。それにもかかわらず4社協議に出席しているのは、現在、路線を保有している鉄道事業者であるからだ。

仮に新函館北斗駅から長万部駅の区間を貨物専用線として維持するのであれば、線路の保守は一番事情に通じているＪＲ北海道が行なうのが自然だろう。また、この路線を維持するうえでのさまざまな知見も今後の協議で必要だ。

そうした理由でＪＲ北海道は協議会入りしていると考えられるが、実際にＪＲ北海道が線路保守を引き受けることができるかどうかは別問題だ。ＪＲ北海道も人手不足が深刻化しており、とくに線路保守要員の不足が伝えられている。

◉国と道による綱引きが続く

貨物専用線として維持する方向性は示されたものの、肝心の費用負担についてはまったく先行き不透明である。費用についても、現在示されているのは旅客路線として維持した場合のものであり、貨物専用線として維持する場合は、再度算出する必要がある。

そうしたなか、国は北海道に対し、この問題についてより主体的な役割を期待している。貨物列車の役割は本州から北海道への宅配便や雑誌などがあり、道内から本州へは農作物等が輸送品目に並ぶ。実際、ホクレンなどの農業団体は貨物列車の維持を強く訴えており、これは道内経済に大きくかかわる問題である。

一方の北海道としては、この問題を全国の物流ネットワーク、国のグランドデザイン（理想のうえでの大枠の合意）の一部と捉えている。世界情勢が不安定な昨今、食料自給率を上げることは国策であり、「日本の食料庫」とも呼ばれる北海道の農作物を全国各地に届ける物流システムの確保は、国の問題であるとの立場だ。

このように、責任の押し付け合いに近く、結局は、**どちらがどれだけ費用を負担するかという問題**に尽きる。ただ、本項の冒頭でも述べたように、並行在来線を貨物線として維持する前例も枠組みもないため、その負担割合の決定には、国も北海道も神経質にならざるを得ないわけだ。

◉物流「2024年問題」と、どう向き合うか

「働き方改革関連法」により、2024（令和6）年4月1日以降、ドライバーの運転業務に対し、年間の時間外労働時間の上限が960時間に制限される。これにより、ドライバー不足、輸送量不足が懸念《けねん》されている。

また、ドライバーの収入の低さや労働条件の厳しさなど、トラック、バス、タクシーなどすべての運輸業界で人手不足が表面化しており、すでに多くのバス会社で、バス路線の廃止、減便が行なわれている。そしてそれは2024年4月以降、さらに深刻化することが予想されている。

これに対し政府は、モーダルシフト（輸送手段の転換）を進め、今後10年で船舶、鉄道貨物の輸送量を倍増させることを目指しており、そうしたトレンドからも新函館北斗駅から長万部駅の貨物専用線としての維持は、もはや必須のものとなりつつある。

◉バス路線維持も万全の策とはいえない

沿線自治体は巨額の赤字のために、鉄道路線の維持に対して消極的な態度を見せているが、それは受け皿となるバス路線があるということが大前提である。

現在、道南地方で路線バス事業を行なうのは函館バス1社のみであり、その函館バスもほか

のバス会社同様、慢性的な赤字、ドライバー不足という問題を抱えている。これまでどおり、函館から長万部への路線バスが維持されればよいが、仮にこの**バス路線の維持が難しくなった場合、選択肢が鉄道路線維持のみ**となってしまう可能性も否定できない。

さまざまな問題をはらんでいる函館本線の貨物線維持であるが、2025（令和7）年までに方向性が示されることとなっている。物流問題と併せて、今後の貨物列車のあり方にまでかかわる問題として注目しておきたい。

他線より営業成績のいい津軽線が、存廃議論の対象になった事情

津軽線の蟹田《かにた》駅から三厩《みんまや》駅の区間は2022（令和4）年8月の豪雨で被災し、それ以来不通となっている。

この区間は輸送密度（旅客営業キロ1㎞あたりの1日平均旅客輸送人員）の低い赤字ローカル線であるため、路線の復旧の可否に注目が集まっていたが、2023（令和5）年1月、JR東日本は廃線も選択肢に含め、沿線自治体との協議に入った。

津軽線よりも営業成績の低い線区があるにもかかわらず、なぜ津軽線は存廃協議の対象となったのか、その背景を見ていこう。

◉津軽線をとりまく厳しい現状とは

今回の存廃議論の対象となったのは、津軽線の蟹田駅から三厩駅までの28・8㎞の区間である。津軽線は津軽海峡線の貨物列車用に新中小国《なかおぐに》信号場までは電化されているが、青森駅から蟹田駅までは電車、蟹田駅から三厩駅までは気動車で運行と、運行系統が分離されている。

この津軽線の蟹田〜三厩間における**2021(令和3)年度の輸送密度は98、営業係数(100円の営業収入を得るのに、どれだけの営業費用を要するかを表す指数)は8582**となっており、年間約5億8700万円の赤字が計上されている。

また、電化されている青森〜蟹田間も、輸送密度556、営業係数1986で、年間約19億8600万円の赤字となっており、こちらも厳しい数字が並ぶ。しかしながら、青森〜蟹田間は被災しておらず、本州と北海道を結ぶ津軽海峡線の貨物列車ルートでもあるため、今回の協議の対象外である。

蟹田〜三厩駅間では、大雨による鉄橋の損傷、盛り土の流出や土砂の流入などが発生し、その被災箇所は13か所、復旧費用は約6億円とされ、工事には4か月かかる見込みと発表された。JR東日本はこの費用と時間をかけても将来の黒字化は難しいと判断し、沿線自治体との存廃議論を要望、青森県と外ヶ浜町《そとがはままち》、今別町《いまべつまち》はそれに応えたというわけだ。

ところで、被災したとはいえ、JR東日本の路線には、津軽線より営業成績で劣る路線もある。そのなかで、津軽線の蟹田〜三厩間が存廃議論の対象となったのは、末端《まったん》区間であることが大きな理由と考えられる。

路線の両端が他の路線と接続している場合、その路線が廃線となると、他路線にも影響が及び、問題が多極化する。また、路線の中間地点だけの営業成績が芳《かんば》しくない場合も、廃線にしづらい。その区間だけ廃線にすれば、新たな盲腸線を両端に生み出し、路線ネットワークとして弱体化するからである。そうした意味において、津軽線の末端区間は存廃議論に持っていきやすかった線区だったといえる。

◉需要減のなか、津軽線を必要としているのは誰か？

では、その津軽線沿線の潜在需要を測るため、2020（令和2）年の国勢調査にもとづいて、該当区間の駅の周辺半径500mと1㎞の範囲での人口を算出してみた。

この数値を見ると、津軽浜名駅と今別駅周辺がもっとも人口が多く、このあたりが今別町の中心地である。一方、外ヶ浜町では中小国駅と大平《おおだい》駅の周辺人口が極めて少なく、**津軽線の必要性が高い地域は終着の三厩駅周辺**となる。また、三厩駅から先に竜飛崎《たっぴざき》があり、この地域で最大の観光地となっている。沿線が津軽線を必要としている根拠の1つだ。

また、2020年の国勢調査には「15歳以上の就業者と通学者の交通手段」のデータがあり、

津軽線・中小国〜三厩間の駅周辺人口（2020年）

			人口			
所在地	駅名	駅からの半径	総数	0〜14歳	15〜64歳	65歳以上
外ヶ浜町	中小国	0.5km	85	1	35	43
		1km	190	6	87	90
	大平	0.5km	44	3	19	19
		1km	192	10	85	98
今別町	津軽二股	0.5km	35	6	16	15
		1km	98	10	44	46
	大川平	0.5km	332	15	145	172
		1km	404	21	176	202
	今別	0.5km	282	13	120	153
		1km	720	33	287	402
	津軽浜名	0.5km	304	14	120	174
		1km	713	28	264	418
外ヶ浜町	三厩	0.5km	118	4	53	64
		1km	512	26	210	274

*2020年度国勢調査を参考に作成。調査には年齢不明が含まれるため、年齢別人口の合計と総数は合致しない

その指標では、この地域において多くの人が自家用車を利用しており、鉄道を利用する人数は通学者数を下回っている。つまり、**鉄道利用者のほとんどが通学需要**だと考えられる。

また、2022年3月末に今別町にある青森北高等学校今別校舎が廃校となり、最寄りの高校が津軽線の油川《あぶらかわ》駅近くの青森北高等学校に変わった。

これにより、今別町の高校生は青森市まで通学する必要が生じ、そのために津軽線を維持したいという要望が強くなった。

とくにこれから高校生となる子どもを抱える家庭にとっては津軽線の存廃の影響は大きく、その運行が続けられない場合、子育て世代が流出し、高齢化が進み、町の存続が危ぶまれる可能性さえある。

2023年11月現在、津軽線の当該区間は代行バスが運行されている。その運行本数は列車と比べて少なく、ほぼ通学需要に特化している状況だ。日中には運行されない時間帯もあり、予約制の乗合《のりあい》タクシーで対応している。つまり、「通学時間以外は乗合タクシーで十分対応可能」というのもまた、事実である。

◉バス転換で観光客の利便性は高まる？

地元の観光協会は交流人口の減少を懸念しており、とくに夏に行なわれる荒馬《あらま》祭りを開催する今別町は深刻な危機感を抱いている。しかし、地域内でもっとも有名な観光地である竜飛崎へのアクセスは、津軽線の有無にかかわらず、三厩駅からバスを利用する必要があり、現在の代行バスや巡回バスが観光客の利便性を確保している。

そして、観光客の視点から見ると、代替バス転換が行なわれれば、北海道新幹線の奥津軽いまべつ駅から龍飛埼灯台までのアクセスが改善され、観光客にとっての便益《べんえき》が向上すると考えられる。

JR東日本もそのルートで代替バスを運行するとしており、運行が開始されれば、奥津軽いまべつ駅から竜飛崎まで乗り換えなしでアクセスできるようになる。観光需要への対応を考えれば、むしろ好都合だろう。

◉沿線自治体に温度差が生じている理由

こうした状況を受け、沿線自治体の1つ外ヶ浜町では廃線、そして自動車交通への転換を受け入れる方向に傾きつつある。一方、今別町ではJR負担による、これまでと同様の鉄道維持を求めてきた。

これは、町の中心地が津軽線の存廃対象区間にあることが理由であり、対象区間に人口希薄《きはく》な地区しかなく、奥津軽いまべつ駅から町内最大の観光地、竜飛崎までダイレクトアクセスが確保される外ヶ浜町との考えの違いが見える。

そして、大平駅から津軽二股《ふたまた》駅の間にある小国峠は冬季の積雪が多いため、バス運行が不安定になる可能性が指摘されてきた。このため、今別町はJRによる全線復旧から、小国峠にあたる蟹田〜津軽二股間を鉄道維持、津軽二股〜三厩間のバス転換受け入れという妥協案を提示した。

これについてJR東日本は「検討する」としているが、この提案が受け入れられるかどうかは微妙だ。本項の冒頭でも触《ふ》れたとおり、津軽線は蟹田〜三厩間のみが非電化であり、蟹田駅から津軽二股駅の区間だけを維持すれば、そのためだけに気動車を運用しなくてはならない。

これはコスト的にも、車両の運用的にも、JR東日本にとっては好ましい状況ではないだろう。今別町に対して費用の一部負担を求める公算が高く、それを今別町が受け入れるとも考えにくいわけだ。

現在、バスドライバーの不足により、**鉄道を廃線しても、その代替交通となるバスを運行してくれる事業者を見つけることは困難**だ。バス転換をJRが責任を持って実行してくれるのであれば、先々を考えても鉄道の廃線は自治体にとってけっして悪い話ではないと筆者は考える。好条件のうちにJRに合わせておくのも、持続可能性の高い方法ではないだろうか。

花咲線は人口減少・自家用車普及に加えて根本に問題が…

根室本線の釧路から根室までの区間は通称「花咲線《はなさきせん》」と呼ばれ、北海道らしい雄大な風景と日本最東端へのルートとして鉄道ファンには人気の高い路線である。

しかし、近年、利用者数が著《いちじる》しく減少しており、JR北海道は「単独では維持できない路線＝黄線区」としている。この項では花咲線の問題の原因と将来について考察したい。

◉駅周辺の人口のわりに、鉄道利用者数は少ない

花咲線は釧路駅から根室駅までの135・4㎞の路線であり、根室本線の末端区間であるが、釧路駅西側から直通する列車はなく、釧路駅から完全に系統分離されている。2023（令和

5）年12月現在、特急列車はなく、快速列車と普通列車のみが1日8往復（うち2往復は釧路〜厚岸間）とかなり寂《さび》しい本数だ。この運行状況から、本路線は限られた地域輸送に特化したものとなっていることが容易に推察できる。

実際、JR北海道が公表している2017（平成29）年度から2021（令和3）年度の駅別乗車人員を見てみると、**100人以上の利用者がいる駅は釧路駅（791・6人）、東釧路駅（133・4人）、厚岸《あっけし》駅（121・4人）**のみである。

釧路駅は帯広方面からの旅客も多いため除外すると、花咲線の駅で1日100人を超えるのは実質、東釧路駅と厚岸駅のみであり、日本最東端の都市である根室は都市としての知名度こそ高いものの、1日の乗車人員はわずか58人に止《とど》まる。

花咲線には、これら以外にも14駅あるが、1日平均乗車人員が10人以上なのは門静《もんしず》駅（10人）、茶内《ちゃない》駅（13・8人）、落石《おちいし》駅（13・8人）、東根室駅（12・8人）のみとなっており、そのほかはすべて1日の乗車人員が10人を切るほどで、花咲線利用者数の少なさが浮かび上がる。

駅周辺にほとんど人が住んでおらず、北海道の原野のなかを走り続けるため、これほどまでに利用者数が少ないのかといえば、じつは意外とそうでもない。次ページの表は花咲線のおもな駅の駅周辺人口をまとめたものである。

駅の半径500mとかなり狭い範囲に絞っても、落石駅を除けば、100人以上が居住して

花咲線主要駅の駅周辺人口

駅名	半径	総数	15歳未満	15～64歳	65歳以上	高齢化率
厚岸駅	0.5km	828	83	483	266	32.13%
	1km	2,307	235	1,308	768	33.29%
	2km	4,233	439	2,328	1,466	34.63%
	3km	6,019	636	3,277	2,109	35.04%
	5km	7,429	783	4,068	2,600	35.00%
茶内駅	0.5km	633	83	383	173	27.33%
	1km	1,094	148	686	278	25.41%
	2km	1,173	159	722	289	24.64%
	3km	1,206	162	731	294	24.38%
	5km	1,292	187	787	321	24.85%
浜中駅	0.5km	241	33	145	77	31.95%
	1km	283	34	163	91	32.16%
	2km	320	37	183	100	31.25%
	3km	337	37	183	100	29.67%
	5km	596	61	322	204	34.23%
厚床駅	0.5km	189	13	108	79	41.80%
	1km	230	13	133	87	37.83%
	2km	261	14	152	96	36.78%
	3km	299	20	200	116	38.80%
	5km	376	23	225	126	33.51%
落石駅	0.5km	54	8	34	12	22.22%
	1km	154	22	82	54	35.06%
	2km	262	29	137	89	33.97%
	3km	454	41	232	180	39.65%
	5km	637	72	341	238	37.36%
根室駅	0.5km	1,996	223	1,148	600	30.06%
	1km	7,364	695	3,963	2,608	35.42%
	2km	17,768	1,713	9,717	6,197	34.88%
	3km	20,234	1,957	11,050	7,033	34.76%
	5km	20,881	1,991	11,321	7,366	35.28%

＊2020年度政府統計国勢調査の数値を参考に作成

おり、駅周辺にまったく人が住んでいないというわけではない。にもかかわらず、鉄道の利用者が少ないのには理由がある。花咲線の沿線自治体である釧路町、厚岸町、浜中町、そして根室市と、1つずつ見ていこう。

まず、釧路町は釧路市に隣接しており、東釧路駅のやや北側の地域では、釧路市とほぼ一体化した都市圏を形成している。とはいえ、東釧路駅は釧路町ではなく釧路市内であり、花咲線沿線にある釧路町内の駅は別保《べっぽ》駅のみである。こちらは釧路市の中心地からはやや距離があり、かつてあった炭鉱が閉山したあとは周辺人口が減少した。

次に厚岸町内では、花咲線の途中駅では東釧路の次に利用者の多い厚岸駅がある。駅利用者のほとんどは釧路への移動で、その大半は通学と考えられる。それは厚岸町の人口分布から推測可能だ。

2020年度国勢調査によると厚岸町の人口は8892人で、15歳未満の人口が900人だった。厚岸には厚岸翔洋高等学校があるが、北海道で唯一、普通科と「海洋資源科」という水産科の併設校であり、1学年の生徒数は40人ほどと思われ、厚岸町の中学校卒業生すべてを受け入れるには小さすぎる。

また、厚岸町の昼夜間人口比率（2015年度）を見ると昼夜の差は139人となっている。つまり139人が昼間は町外に出ているということだ。そして、その数値は厚岸駅の乗車人員

2015年度の花咲線主要駅の昼夜間人口比率

地域	人口	昼間人口	昼間と全体の差	昼夜間人口比率
釧路市	165,667	175,733	10,066	106.08%
釧路町	19,833	18,443	-1,390	92.99%
厚岸町	9,778	9,639	-139	98.58%
浜中町	6,061	6,122	61	101.01%
根室市	26,917	27,066	149	100.55%

昼夜間人口比率は、昼間人口が多いと100%を超える
→他の市町村からの通勤・通学による流入人口が多い

＊2015年度政府統計国勢調査の数値を参考に作成

１２１・４人と極めて近い。地方においての鉄道利用者の大半は学生であることを考えると、**厚岸駅の１００人を超える乗車人員の大半は釧路へ通学する高校生**だと考えられる。

続いて浜中町だが、この町の中心地は「霧多布《きりたっぷ》」と呼ばれる海に近い場所で、やや内陸を走る花咲線からは外れた場所にある。また、高校も町立霧多布高等学校が駅から外れた場所にあるため、浜中町では通学需要もほとんどない。

そして、浜中町の昼夜間人口比率を見ると、昼間のほうが人が多い状態であり、浜中町から町外へ通勤や通学する人が少ない。つまり、町民の生活の大半は町内で完結していると思われ、そもそも鉄道を利用する環境にない。

◉根室市民は「鉄道に乗る必要がない」

そして、最後に根室市である。花咲線ではかつて標津《しべつ》線が分岐していた厚床《あっとこ》駅以東が根室市内となる。

このエリアでは、東根室駅近くに北海道根室高等学校があ

り、その通学利用が花咲線のもっとも大きな需要である。東根室駅は日本最東端の駅として鉄道ファンにはよく知られているが、高校生が通学に利用する駅でもあるわけだ。

しかしながら、東根室駅の1日平均乗車人員はわずか12・8人である。筆者が乗車した際も、東根室駅で下車したのは高校生10名のみだった。この程度の人数なら、バスで十分カバーできる人数だといえるだろう。

さらに、北海道根室高等学校は東根室駅から約1・5km離れており、歩くにはやや距離がある。とくに冬季は、鉄道よりも学校前まで行くバスのほうが生徒にとってはありがたいかもしれない。

根室市の昼夜間人口比率を見ると、ほぼ100％である。つまり、**他の市町村から根室市内に通勤・通学する人もいなければ、根室市から市外へ通勤・通学する人もいない**ということで、市民のほとんどが根室市内から出ることなく日常生活を送っているわけだ。

このように根室市においてはそもそも移動需要が小さく、鉄道に乗る必要がない。これが根室駅の1日平均の乗車人員がわずか58人に止まる理由である。

◉路線維持のために不可欠なものとは

現在においても利用者数が限られる花咲線だが、沿線自治体の人口を見ると、釧路市に隣接

花咲線、沿線市町の将来推計人口

地域	2020年	2022年	2030年	2035年	2045年	減少率（対2020年）
釧路市	166,270	160,731	146,422	135,811	114,040	68.59%
釧路町	18,824	18,932	16,402	15,059	12,121	64.39%
厚岸町	8,957	8,601	7,305	6,511	5,049	56.37%
浜中町	5,570	5,433	4,643	4,200	3,349	60.13%
根室市	24,461	23,629	19,610	17,330	13,210	54.00%

＊2017年度政府統計国勢調査の数値を参考に作成

する釧路町では人口全体は増えているものの、高齢化率が１９８０（昭和55）年度に比べて８００％と、猛烈な勢いで高齢化が進んでいる。

ただ、これでも人口に対する高齢者の割合は30％未満で、厚岸町、浜中町、根室市ではいずれも30％を超えている。そして、将来推計人口を見ると、釧路町では、推計ほど減少しておらず、浜中町も予想ほど減少していないが、いずれにせよ長期的に見れば、減少傾向にあることは間違いない。

短期的に見れば、１日平均乗車人員が１００名を超えている厚岸駅から釧路駅への通学需要は一定数あり、これらの学生を厚岸方面から受け入れている釧路市にとって、生徒の足として花咲線は必要である。花咲線維持のためには、**この地域最大の自治体である釧路市が花咲線の維持に対して、どこまで踏みこめるか**に依《よ》るところが大きい。

鉄道のみならず、公共交通の維持すら難しくなる時代に入った。さらに人口減少も進み、存続自体が危ぶまれる自治体も出てきている。鉄道路線の存廃はそうした大きな問題のごく一部に過ぎないのかもしれない。

観光振興を掲げて廃線を免れたい大糸線。しかし、課題は山積み

長野県の松本駅と新潟県の糸魚川《いといがわ》駅を結ぶ大糸線は、長野第二の都市である松本市の通勤通学路線、安曇野《あずみの》や立山黒部アルペンルート、白馬《はくば》への観光路など、さまざまな役割を持つ。

一方で、北へ行くほど利用者数が減少し、とくにＪＲ東日本管内の白馬から南小谷《みなみおたり》、ＪＲ西日本管内の南小谷駅から糸魚川駅の区間では非常に厳しい状況である。大糸線の現状と今後について考えてみたい。

◉北部と南部で需要は極端に異なる

まず、大糸線のコロナ禍前、２０１９（平成31／令和元）年度の輸送密度を見てみよう。

＊松本～豊科《とよしな》……９２２９
＊豊科～信濃大町……３７７７
＊信濃大町～白馬……７６２

＊白馬〜南小谷……215
＊南小谷〜糸魚川……102

もっとも輸送密度の高い松本〜豊科駅間は松本への通勤通学需要が旺盛であり、朝の松本駅では4両編成の列車から多くの乗客が降りてくる様子が見られ、その混雑ぶりは首都圏の通勤列車にも匹敵《ひってき》する。

実際に大糸線に乗車してみるとわかるが、松本駅から豊科駅の区間、その2つ先にある穂高《ほたか》駅までは松本へのベッドタウン的な役割を果たしており、利用者も多く、実際に穂高駅は2021（令和3）年の乗車人員は912人と大糸線では松本駅を除き、信濃大町駅に次いで多い。JR東日本では豊科駅を境に線区を分けて輸送密度を算出しているが、乗客の流動を見ると、穂高駅が境界と考えられ、利用者数は穂高以北では目に見えて減少する。

穂高駅の先、次の拠点駅は信濃大町駅である。立山黒部アルペンルートへの玄関口としても知られ、駅前からはアルペンルートの入り口となる扇沢《おうぎさわ》駅へのシャトルバスが発着している。しかし、新幹線でアクセスできる長野駅から扇沢駅へのバスも多数運行されており、大半の乗客が長野駅へと流れるため、**信濃大町駅のアルペンルートの玄関口としての役割はかつてよりも小さい**ものとなっている。

多数の新幹線が発着する長野駅と、特急あずさが1往復停車する以外、すべて普通列車の運行となる信濃大町駅ではその利便性に大きな差があり、信濃大町駅でバスを降りると、その先が不便という状況を変えないと長野駅との差を埋めることは難しい。

そして、大糸線の状況は信濃大町駅を境に一変する。松本方面からの乗客の大半が信濃大町駅までで下車し、この先の区間の利用者は激減する。

その半面、大糸線の信濃大町駅以北では仁科三湖《にしなさんこ》や白馬の山々が迫《せま》る素晴らしい車窓が楽しめる。ネームバリューの高い白馬という観光地がありながら、輸送密度は低迷しており、観光路線として機能しているとはいえない。

白馬駅から先も姫川に沿って、美しい渓谷や山々の風景が見られるが、JR東日本所有の白馬駅から南小谷駅、JR西日本所有の南小谷駅から糸魚川駅の利用者数は非常に少ない。しかも、その利用者のなかに沿線住民は少なく、ほぼ観光客といった状態である。

◉北へ向かうほど、過疎化が進行していく

では、沿線市場の大きさ、鉄道利用者の潜在的な数値を測るため、各駅の周辺人口を見ていこう（34ページ〜37ページ）。これらの表は国勢調査の数値をもとに、駅周辺の半径0・5㎞、1㎞、2㎞の人口をまとめたものである。

大糸線、松川村内と大町市内の駅周辺人口

松川村	半径	人口	0～14歳	15～64歳	65歳以上
細野駅	0.5km	301	15	132	153
	1km	1,099	97	545	458
	2km	6,371	687	3,378	2,274
北細野駅	0.5km	1,065	108	562	409
	1km	2,468	268	1,321	893
	2km	7,855	870	4,155	2,809
信濃松川駅	0.5km	1,503	207	821	461
	1km	3,572	432	1,992	1,116
	2km	8,901	998	4,801	3,050
大町市	半径	人口	0～14歳	15～64歳	65歳以上
安曇沓掛駅	0.5km	423	30	215	179
	1km	919	81	468	376
	2km	2,834	241	1,477	1,075
信濃常盤駅	0.5km	804	83	429	272
	1km	2,189	213	1,193	732
	2km	4,714	476	2,482	1,686
南大町駅	0.5km	623	76	336	183
	1km	2,555	297	1,315	879
	2km	9,341	918	4,803	3,429
信濃大町駅	0.5km	1,294	99	638	518
	1km	4,681	444	2,371	1,758
	2km	10,093	962	5,085	3,796
北大町駅	0.5km	722	76	336	284
	1km	3,045	267	1,455	1,233
	2km	10,280	902	5,184	3,937
信濃木崎駅	0.5km	155	11	74	66
	1km	632	43	323	259
	2km	2,733	238	1,413	1,025
稲尾駅	0.5km	103	7	45	55
	1km	122	8	49	58
	2km	537	38	237	252
海ノ口駅	0.5km	82	4	36	42
	1km	177	14	77	96
	2km	339	24	143	171
簗場駅	0.5km	96	4	44	46
	1km	156	7	70	77
	2km	211	11	91	111

＊2020年度政府統計国勢調査の数値を参考に作成

大糸線、白馬村内と小谷村内の駅周辺人口

白馬村	半径	人口	0〜14歳	15〜64歳	65歳以上
南神城駅	0.5km	191	11	90	89
	1km	503	40	235	224
	2km	674	50	307	300
神城駅	0.5km	385	39	197	159
	1km	908	73	402	424
	2km	1,664	145	781	732
飯森駅	0.5km	273	27	136	112
	1km	763	76	339	349
	2km	2,486	313	1,331	821
白馬駅	0.5km	685	74	391	210
	1km	1,939	201	1,145	550
	2km	4,146	490	2,455	1,119
信濃森上駅	0.5km	516	64	287	168
	1km	731	93	406	231
	2km	2,048	248	1,139	626
小谷村	半径	人口	0〜14歳	15〜64歳	65歳以上
白馬大池駅	0.5km	79	24	46	13
	1km	134	32	69	39
	2km	738	95	406	250
千国駅	0.5km	142	22	80	43
	1km	393	47	211	138
	2km	877	90	473	302
南小谷駅	0.5km	180	18	111	59
	1km	362	37	208	124
	2km	685	77	367	244
中土駅	0.5km	68	3	30	33
	1km	106	3	44	49
	2km	412	31	211	175
北小谷駅	0.5km	18	3	8	8
	1km	91	6	32	45
	2km	185	12	63	98

＊2020年度政府統計国勢調査の数値を参考に作成

大糸線、松本市内と安曇野市内の駅周辺人口

松本市	半径	人口	0〜14歳	15〜64歳	65歳以上
北松本駅	0.5km	3,783	403	2,244	980
	1km	11,404	1,197	6,495	3,244
	2km	49,540	5,726	28,741	13,333
島内駅	0.5km	2,856	394	1,740	659
	1km	7,541	1,163	4,479	1,789
	2km	22,905	3,012	13,052	6,285
島高松駅	0.5km	1,369	149	808	383
	1km	3,765	546	2,219	938
	2km	17,102	2,403	9,776	4,676
安曇野市	半径	人口	0〜14歳	15〜64歳	65歳以上
梓橋駅	0.5km	908	96	464	350
	1km	3,465	475	1,894	1,051
	2km	14,216	1,980	7,951	4,150
一日市場駅	0.5km	1,452	193	811	427
	1km	4,412	629	2,506	1,236
	2km	15,472	2,173	8,742	4,449
中萱駅	0.5km	1,594	188	889	507
	1km	4,361	561	2,510	1,254
	2km	12,109	1,623	6,967	3,412
南豊科駅	0.5km	1,555	166	888	484
	1km	5,768	724	3,460	1,495
	2km	16,987	2,139	9,890	4,687
豊科駅	0.5km	2,610	274	1,509	788
	1km	7,774	898	4,474	2,239
	2km	15,259	1,903	8,772	4,348
柏矢町駅	0.5km	2,392	339	1,402	639
	1km	5,508	738	3,201	1,531
	2km	14,452	1,878	8,177	4,293
穂高駅	0.5km	1,914	233	1,041	631
	1km	5,578	706	3,119	1,767
	2km	15,061	1,951	8,615	4,417
有明駅	0.5km	841	97	480	272
	1km	1,671	200	923	547
	2km	7,733	900	4,303	2,509
安曇追分駅	0.5km	500	44	278	183
	1km	1,504	167	820	510
	2km	5,745	658	3,135	1,958

＊2020年度政府統計国勢調査の数値を参考に作成

大糸線、糸魚川市内の駅周辺人口

	半径	人口	0〜14歳	15〜64歳	65歳以上
平岩駅	0.5km	26	1	11	30
	1km	79	2	36	49
	2km	124	8	49	70
小滝駅	0.5km	4	0	3	11
	1km	14	0	3	11
	2km	65	0	19	48
根知駅	0.5km	94	5	37	40
	1km	215	15	79	121
	2km	396	25	146	227
頚城大野駅	0.5km	571	56	297	215
	1km	995	104	518	365
	2km	1,735	148	911	675
姫川駅	0.5km	168	6	97	73
	1km	548	28	235	284
	2km	3,176	312	1,581	1,259
糸魚川駅	0.5km	2,487	216	1,170	1,069
	1km	7,735	854	3,918	2,877
	2km	14,571	1,664	7,708	5,035

＊2020年度政府統計国勢調査の数値を参考に作成

安曇野市内の穂高駅までは、半径2㎞内に1万人以上が居住しており、この辺りまでは鉄道の大量輸送のメリットが十分発揮できている。その北側を見ると、大町市内の駅の半径2㎞でまとまった人口があるものの、白馬村、小谷村と人口は希薄になり、糸魚川市内の平岩《ひらいわ》駅、小《こ》滝《たき》駅あたりでは駅周辺に住んでいる人がほとんどおらず、そもそも駅が本当に必要なのかが問われるレベルである。

このように、大糸線の問題は信濃大町以北で深刻化しており、とくに白馬以北では沿線人口が小さく、さらに今後も減少と高齢化が見込まれる。

そもそも潜在的な利用者が限られており、仮にいま、利用促進運動を行なって多少利用者が増えたとしても、**10年、20年のスパンで考える**

と、さらに人口が減少するため持続性があるとはいえず、根本的な解決方法とはならない。

ローカル線の利活用を考える場合、観光振興のために鉄道維持の方向性が打ち出されることが多い。これは、本当に鉄道が観光に必要だからという考え方もあるが、裏を返せば、沿線人口が希薄であり、地元使いを増やしたくても増やせないというのが現実だ。

また、地方部においては完全なクルマ社会ができあがっており、運行本数が限られ、しかも使いづらい公共交通を住民が積極的に使うだけのメリットが見出《みいだ》せない状況だ。

そこへ人口が減少するという状況を考えると、公共交通、とくにＪＲの路線を維持したいという理由が観光以外に見出せない状況に陥《おちい》る。大糸線も同様の状況下にあり、路線を維持するなら、観光のために振り切ったものにするしかないのが現状である。

では、大糸線の観光市場の規模はどのくらいのものなのだろうか？　コロナ禍前、２０１９年度の沿線自治体ごとの宿泊者数を参考に考えてみたい。

＊松本市……年間約３２０万人、１日平均約８７００人
＊安曇野市…年間約25万人、１日平均８６５人
＊松川村……年間約１２００人、１日平均３人
＊大町市……年間約63万人、１日平均１７２６人

＊白馬村……年間約65万人、１日平均１７８０人
＊小谷村……年間約58万人、１日平均１５８９人
＊糸魚川市…年間約５万８０００人、１日平均１５８人

大糸線の起点である松本市や糸魚川市の数字を入れるのは少々無理があるが、合算すれば、１日平均１万５０００人の市場である。もっと絞って、観光の対象になりそうな大町市、白馬村、小谷村だけでも、１日平均５０００人以上という市場規模だ。

これは宿泊者だけの数値であり、日帰り客も含めれば、もっと大きな数字になることは容易に想像できる。問題はこれだけの人が訪問しているのに、鉄道が低迷しているということだ。つまり、大半の訪問客はクルマで来ているわけである。

本当に観光で鉄道を維持したいなら、たとえば、スイスのツェルマットのような「ガソリン車乗り入れ禁止」「乗客単価を上げる高級な観光列車を１日数往復させる」といった大胆な施策が必要であり、そこまでできて初めて、観光のために鉄道を残すという理由に説得力が生まれる。簡単ではないが、極論すれば、**朝夕の通学・通勤輸送だけ確保し、日中は観光に振り切った大糸線の運用も可能**であり、観光列車メインのダイヤを組むことも難しくないだろう。

姫川の美しい流れや白馬の山々はスイスに匹敵《ひってき》するだけのポテンシャルを秘めている。また、

信濃大町は立山黒部アルペンルートの玄関口であり、この動線からの誘客《ゆうきゃく》はぜひとも実施したい。アルペンルートの前後に組みこめるようにすれば、信濃大町での宿泊も見込め、停滞している大町市の観光振興の起爆剤にもなり得る。

ただし、大糸線維持を考えると十分な収益が生まれるとは考えづらく、自治体による赤字の補塡《ほてん》が必要となるだろう。その赤字をふまえたとしても、沿線経済に好影響を与えれば、赤字補塡の説明はつく。

自治体の覚悟が問われるが、現在の大糸線はかなり危機的な状況にあり、思い切った施策が必要なことは間違いない。地元にとって大糸線とは何なのか？　その存在価値を再定義すべき局面に差しかかっているのではないだろうか。

首都圏の路線でさえ存廃協議に。房総における鉄道の存在意義とは

近年、千葉県、房総半島各地と東京を結ぶ特急の本数は縮小され、いくつかの列車はすでに廃止された。また、久留里《くるり》線の末端区間での存廃議論、ローカル私鉄である小湊《こみなと》鐵道での経営状況の悪化による自治体への財政支援要請など、房総半島における鉄道の存在意義が問われている。都心部に近い千葉県では何が起きているのだろうか？

◉成田エクスプレスの登場が「房総特急」衰退のきっかけに

まずは、房総特急の歴史を振り返ってみよう。1972（昭和47）年7月15日、総武快速線の東京地下駅開業を契機とし、内房線系統、館山《たてやま》駅、千倉《ちくら》駅までの区間で特急「さざなみ」、外房線系統、安房鴨川《あわかもがわ》駅までの特急「わかしお」の運行が開始され、東京から房総半島各地への特急運行の歴史が始まった。

その後、東京駅と佐倉駅、成東《なるとう》駅、銚子駅を結ぶ特急「しおさい」、東京駅と鹿島神宮駅を結ぶ特急「あやめ」、急行から格上げされるかたちで、特急「すいごう」が両国駅から佐原《さわら》駅を経由し、銚子駅へのルートで運行が開始された。房総特急5系統の黄金時代である。

しかし、1991（平成3）年3月19日、成田空港支線が開通し、成田エクスプレスが運行されるようになると、房総特急にも転機が訪れる。線路容量が逼迫《ひっぱく》している総武快速線で成田エクスプレスの運行を優先したため、「さざなみ」「わかしお」は東京駅京葉線ホームからの出発へと変更されたのである。これにより、「さざなみ」と「わかしお」は一定の需要が見込める錦糸町駅と千葉駅を経由することができなくなった。

1998（平成10）年、この年で房総夏ダイヤが終了となった。夏のレジャー客輸送のため多くの臨時列車が運行され、特別なダイヤが毎年組まれていたのだが、それが終了したのである。その背景には、房総半島における夏の鉄道利用の大きな減少があった。その後、特急「すいごう」が特急「あやめ」に統一され、その「あやめ」も2015（平成27）年に廃止された。

時を同じくして、特急「さざなみ」が週末のみ運転される新宿発着の臨時列車を除き、運行区間が東京〜君津《きみつ》間に統一。これにより君津〜館山間での定期特急列車の運行は消滅した。

2023年11月現在の房総特急定期列車の運行は次ページ上の表のとおりだ。特急「さざなみ」は平日のみの運行となっており、実態は通勤客向けのホームライナーである。多客期には「新宿さざなみ」として新宿〜館山間での運行があり、これだけが往年の特急「さざなみ」を彷《ほう》彿《ふつ》させるものとなっている。

◉房総特急が運行本数を大きく減らした原因とは

このように大きく本数を減らした房総特急だが、その大きな要因は**高速道路の延伸、高速バス網の拡大**である。

千葉県に高速道路建設が進んだ大きな理由の1つは成田空港の開港だ。現在の東関東自動車道は、もともとは新空港自動車道と呼ばれており、1971（昭和46）年に部分開通し、その後延伸を重ね、1986（昭和61）年には東京から佐原香取まで1本の高速道路で結ばれ、鹿島神宮方面へのアクセスが劇的に改善された。このルートと競合していたのが特急「あやめ」、特急「すいごう」であり、その後廃止に追いこまれている。

定期運行されている房総特急（※成田エクスプレス除く）

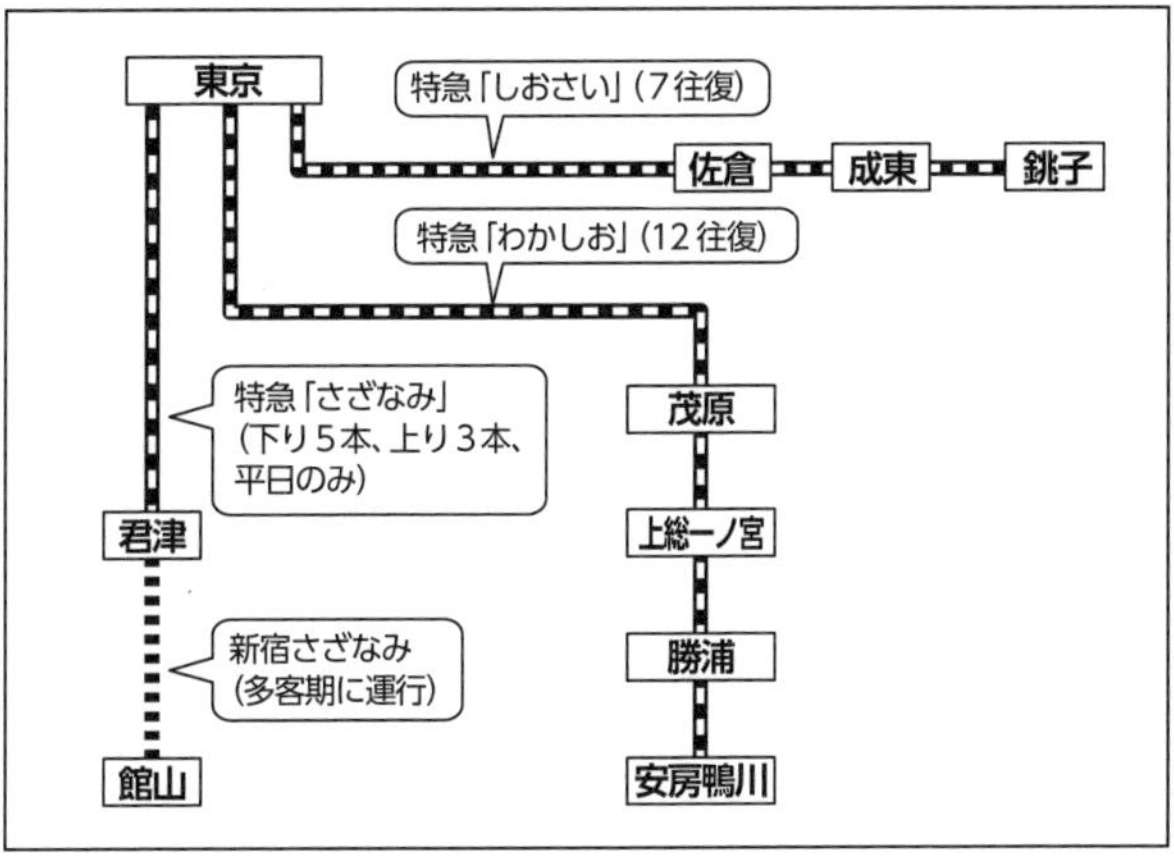

千葉県の高速道路網

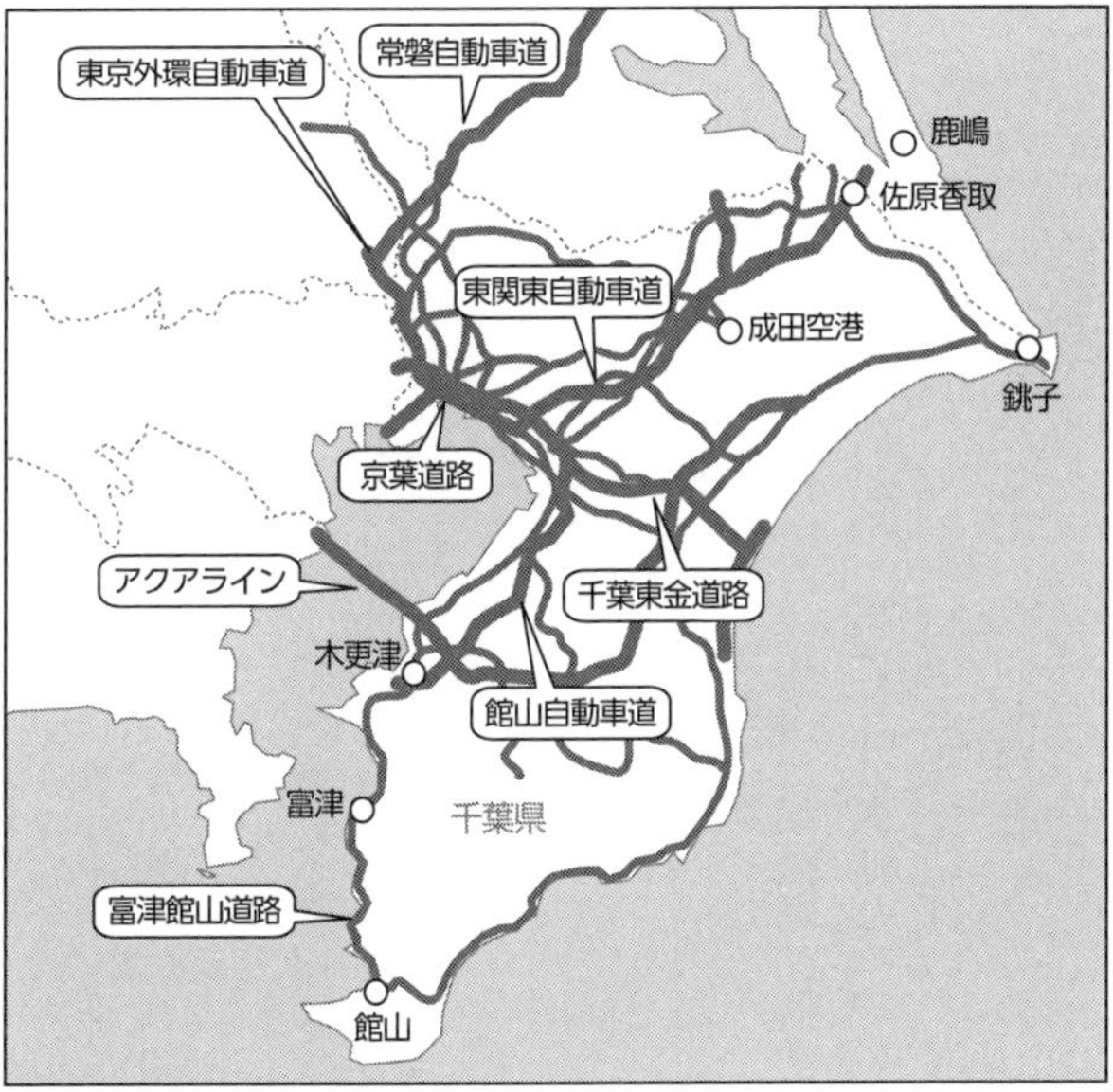

一方、内房方面へは、1997（平成9）年に東京湾アクアライン、2007（平成19）年には館山自動車道が全線開通し、すでに開通していた富津《ふっつ》館山道路に接続し、都心部から館山方面への所要時間が短縮された。これに大打撃を受けたのが内房線を走る特急「さざなみ」で、現在の東京駅と君津駅を結ぶホームライナーのような列車になってしまった理由だ。

現在の高速道路網を見ると、外房方面へはほとんど整備されておらず、銚子方面への延伸も進んでいない。これらの方面へ運行される特急「わかしお」が1日12往復、「しおさい」が1日7往復運転されているのは、高速道路網の整備が進んでおらず、高速バスの運行本数が少なく、大きな競合となっていないことが理由だ。

このように高速道路の延伸、高速バス網の拡大で特急列車が廃止、縮小に追いこまれたのだが、JR東日本の子会社であるJRバス関東は、東京駅や新宿駅から館山駅・安房白浜への「なのはな号」、水郷潮来《すいごういたこ》バスターミナル・鹿島神宮駅への「かしま号」などを運行している。

JRは特急廃止ですべてを失ったというわけではなく、時代に合わせ、高速バスに乗り換えたともいえる。

◉自家用車の保有率が高い南房総地区

しかし、鉄道から乗客を奪った高速バスも安泰とはいえず、房総半島の問題の本質はここに

千葉県の主要路線の沿線自治体人口推移

路線・地域名	人口総数				
内房線	2000年	2010年	2015年	2020年	20年間人口増減
市原市	278,218	280,416	274,656	269,524	96.88%
袖ケ浦市	58,593	60,355	60,952	63,883	109.03%
木更津市	122,768	129,312	134,141	136,166	110.91%
君津市	92,076	89,168	86,033	82,206	89.28%
富津市	52,839	48,073	45,601	42,465	80.37%
安房郡鋸南町	10,521	8,950	8,022	6,993	66.47%
南房総市	47,154	42,104	39,033	35,831	75.99%
館山市	51,412	49,290	47,464	45,153	87.83%
鴨川市	37,653	35,766	33,932	32,116	85.29%
外房線	2000年	2010年	2015年	2020年	20年間人口増減
大網白里市	47,036	50,113	49,184	48,129	102.32%
茂原市	93,779	93,015	89,688	86,782	92.54%
長生郡長生村	13,892	14,752	14,359	13,803	99.36%
長生郡一宮町	11,648	12,034	11,767	11,897	102.14%
いすみ市	42,835	40,962	38,594	35,544	82.98%
夷隅郡御宿町	8,019	7,738	7,315	6,874	85.72%
勝浦市	23,235	20,788	19,248	16,927	72.85%
総武本線	2000年	2010年	2015年	2020年	20年間人口増減
四街道市	82,552	86,726	89,245	93,576	113.35%
佐倉市	170,934	172,183	172,739	168,743	98.72%
印旛郡酒々井町	19,885	21,234	20,955	20,745	104.32%
八街市	72,595	73,212	70,734	67,455	92.92%
山武市	60,614	56,089	52,222	48,444	79.92%
山武郡横芝光町	26,721	24,675	23,762	22,075	82.61%
匝瑳市	42,915	39,814	37,261	35,040	81.65%
旭市	71,176	69,058	66,586	63,745	89.56%
銚子市	78,697	70,210	64,415	58,431	74.25%
成田線	2000年	2010年	2015年	2020年	20年間人口増減
成田市	116,898	128,933	131,190	132,906	113.69%
香取郡神崎町	6,747	6,454	6,133	5,816	86.20%
香取市	90,943	82,866	77,499	72,356	79.56%
香取郡東庄町	17,076	15,154	14,152	13,228	77.47%
東金線	2000年	2010年	2015年	2020年	20年間人口増減
東金市	59,605	61,751	60,652	58,219	97.67%

*2020年度政府統計国勢調査の数値を参考に作成

ある。それは人口減少と自家用車への転移だ。

前ページの表は千葉県の幹線経路にある自治体の過去20年間の人口推移である。都心への通勤圏内の人口は20年前に比べて増えているか、もしくは微減に止まっているが、末端区間へいくと、減少率は90％以下、南房総市、銚子市、勝浦市のように80％を切っているところもある。

そして、千葉県における自家用車の保有率は全国平均を下回るものの、台数は確実に増えている。この数値は都心に近い地域も含めての千葉県全体の平均であり、**南房総地区など、人口の少ない地区では数値がもっと高い**。

＊２００７年度……１人あたり台数０・４２６（全国平均０・４４８、全体41位）
＊２０１４年度……１人あたり台数０・４３９（全国平均０・４７０、全体41位）
＊２０２１年度……１人あたり台数０・４５０（全国平均０・４８９、全体41位）

たとえば、館山市が作成した２０２０（令和２）年度の資料によると、自家用車の保有率調査では、「自分専用の車がある」と答えた人が56・６％、「家族共用の車がある」と答えた人が22・５％と、合計すると80％近くの人が何らかのかたちで車を保有している。

輸送密度を見ても、コロナ禍前の２０１９（平成31／令和元）年度でさえ、外房線の勝浦駅から安房鴨川駅の区間で１５４３、内房線の館山駅から安房鴨川駅の区間で１５９６、鹿島線全区間で1207と、国鉄時代なら廃線対象になってしまうような数値だ。

そして、久留里線と小湊鐵道はより深刻な状況に陥っている。人口減少と自家用車への分担率上昇という長期的な問題に加え、コロナ禍によって鉄道会社の経営はさらに厳しいものとなった。その結果、久留里線の末端区間、久留里から上総亀山《かずさかめやま》の区間では存廃協議に入り、小湊鐵道では上総牛久～上総中野間の廃線まで視野に入れた深刻な状況となっている。

このように、房総半島における鉄道衰退の理由は高速バスへの転移の影響もあるが、より大きな要因は自家用車への依存と人口の減少である。地方で見られる典型的な問題を都心に近い千葉県でも抱えていることがわかる。

◉海水浴客の減少で観光需要の縮小も止まらない

また、房総半島では観光需要の減少傾向も見られる。1998年の房総夏ダイヤ終了について触れたが、かつて房総半島の夏の大きな需要を支えた海水浴がメジャーなものではなくなったことも、このエリアの観光需要拡大の難しさを示している。

海水浴に出かけていた人の数は1988（昭和63）年には3200万人だったが、1999（平成11）年に2300万人、2014（平成26）年には800万人にまで減少しており、近年はさらに減少している可能性がある。

海水浴の人気が下がった理由については、ベトつく、砂がつく、日焼けしたくない、ファミリーの場合、子どもから目を離せない、準備と後片付けが大変、駐車場が混む、トイレや海の家などの施設がきれいではない……といったことが挙げられる。

そのため、海水浴よりも近隣のプールがより好まれるようになった。近年の猛暑の影響で、夏であってもインドアのアクティビティが好まれることもある。さらに、高級ホテルなどではナイトプールを実施するところもあり、とくに日焼けに気をつかう女性には人気のアクティビティとなっている。こうしたレジャー嗜好《しこう》の変化も房総半島の観光市場にとっては逆風ともいえるもので、観光市場を拡大するには新たな取り組みが必要となるわけだ。

房総半島における高速バスによる特急の廃止・減便といった図式は、その一面を示しているに過ぎない。現在一定の本数を維持している特急「わかしお」や特急「しおさい」でも、高速道路の延伸といった状況の変化がなくても本数が減ることも考えられ、房総半島を取り巻く状況は非常に深刻である。

特急も走る宗谷本線が、なぜ乗客減少に苦しむようになったのか？

旭川駅から稚内駅への約260㎞の宗谷本線は日本最北という最果《さいは》てへの路線とあって、鉄道ファンには人気の高い路線である。しかし、その需要は年々減少し、本線と呼ぶにはあまりに寂しい状況である。宗谷本線がこのような状況に陥った理由と未来について考察したい。

◉かつての「日本の大動脈」が、その役割を失うまで

宗谷本線は、かつて北海道のみならず、日本の骨格的な鉄道路線であり、その歴史には2つの転換期がある。最初に、宗谷本線は樺太《からふと》への連絡鉄道として計画された。1898（明治31）年に旭川から建設が始まり、1922（大正11）年に稚内に到達したが、当初のルートは現在の宗谷本線とは異なり、浜頓別《はまとんべつ》を経由するかつての天北《てんぽく》線ルートだった。現在の宗谷本線ルートが開通したのは1926（大正15）年のことだ。

そして、当時稚内と樺太を結ぶ稚泊《ちはく》航路が運航されたのだが、その連絡船が発着していた場所は現在、北防波堤ドームとして知られ、稚内の人気観光スポットの1つとなっている。その稚泊航路は終戦後の1945（昭和20）年に運航を休止し、宗谷本線は樺太への連絡路線としての役割を終えた。

宗谷本線はその後、木材、石炭、水産物などの輸送路線として戦後の復興に貢献したが、時代の変化とともに石炭の需要が減少し、林業と水産業も衰退。さらに、トラックとモータリゼーションの進化により、鉄道による貨物輸送の需要は低下し、1984（昭和59）年に名寄《なよろ》駅か

ら稚内駅での貨物営業が廃止された。これにより、宗谷本線は重要な役割を失ったのである。

◉民営になり高速化を図るも、旅客需要は低迷

1987（昭和62）年に国鉄分割民営化により、宗谷本線はJR北海道が継承。JR北海道は旅客需要を拡大するために各路線の高速化を図った。

2000（平成12）年には沿線自治体も出資する第三セクター北海道高速鉄道開発の協力で、旭川駅から名寄駅までの区間で高速化工事が完了し、最高速度が時速95㎞から120㎞に向上した。これにより、宗谷本線初の特急列車である「スーパー宗谷」「サロベツ」、寝台車を併結した夜行の「利尻」が運行された。

しかし、その後も旅客需要は減少を続け、2019（平成31／令和元）年の輸送密度は旭川〜名寄で1336、名寄〜稚内に至っては316に低迷している。この減少は急激なものではなく、国鉄時代の赤字ローカル線の廃線基準であった特定地方交通線輸送密度2000を下回っていた。この際、廃線を免《まぬか》れたのは、ピーク時の輸送人員が1000人以上であったためだ。

その後も利用者の減少に歯止めが利かなかった宗谷本線では、多くの駅が廃止され、2021（令和3）年には12駅が廃止。17駅は地元自治体が維持管理を行なうようになった。名寄〜稚内間の駅でも1日平均乗車人員が非常に少ないものがあり、これにより、JR北海道が駅の廃止を進める可能性が高まっている。

列車の運行本数も旭川～名寄間では比較的多く、特急列車や普通列車が1時間に1本ほど運行されているが、名寄以北では特急列車の長距離需要を除けば、普通列車が1日数本と通学需要以外にほとんど乗客がいないのが現状だ。

◉鉄道を苦境に追いこんだ、人口減少とクルマ社会

現在の宗谷本線の問題は地方ローカル線が共通して抱えるものだが、人口減少と自家用車の普及率増大によるところが大きい。

稚内市と名寄市の人口推移（次ページ表参照）を見ると、人口が激減しており、2045年までの将来人口推計では、どちらも人口が2万人を割りこむ。

他の沿線自治体もいずれも人口減少傾向にあり、一部の自治体では**2045年ごろには生産年齢人口が老年人口を下回る見込み**だ。

自家用車の保有台数（53ページ表参照）も高く、2人に対し1台以上のクルマを保有しており、クルマ移動が一般的になっていることがわかる。

なおかつ宗谷本線の沿線全体での人口減少が進行しており、これが路線の利用者減少につながっていることは明らかだ。

稚内市と名寄市の将来推計人口

稚内市

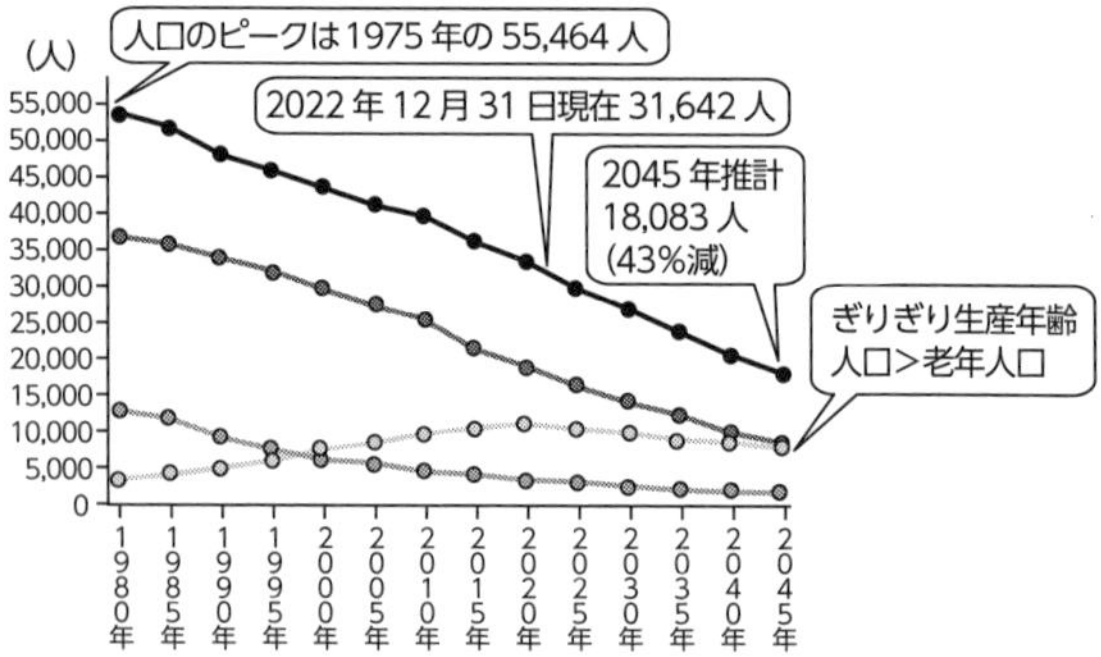

名寄市

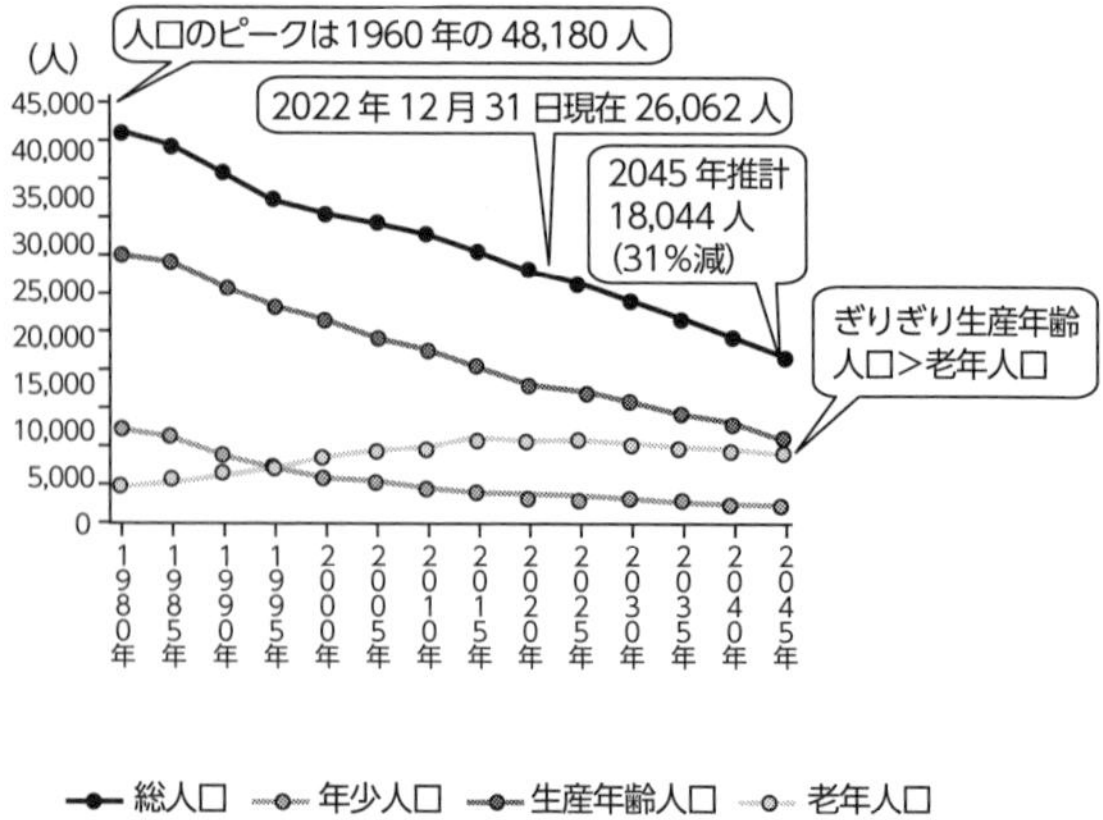

2045年には稚内市と名寄市の人口がほぼ同じになる

＊RESAS−地域経済分析システム「人口マップ、将来人口推計」をもとに筆者作成

名寄市と道内主要都市の自家用車保有率

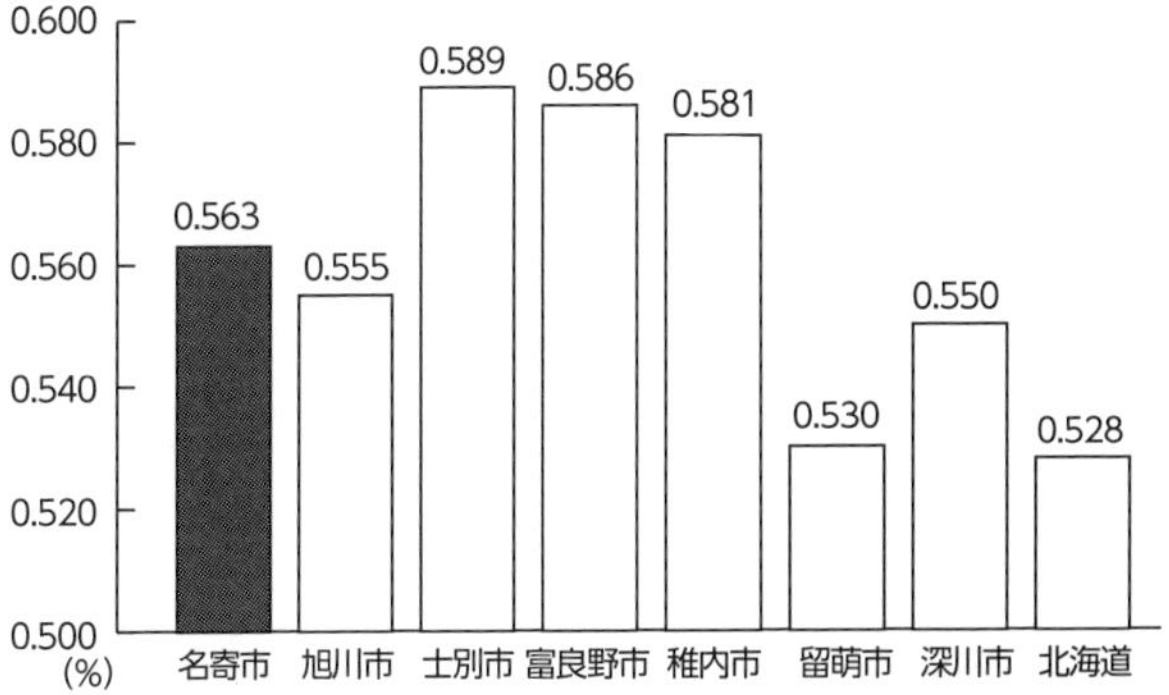

*2019年。名寄市地域公共交通網形成計画より抜粋

◉産業転換できなかったツケが今になって…

そして、宗谷本線沿線において人口が減少したおもな原因は、かつて栄えた産業から新しい産業構造への転換が図れなかったためである。道北地方ではかつて鉱業、林業、漁業が主要産業だったが、炭鉱の閉山や漁獲高の減少など主要産業が衰退し、多くの自治体では産業の転換を図ることができなかった。この結果、人口が流出し、さらに少子高齢化も進んでいる。

また、音威子府《おといねっぷ》村のように、かつては宗谷本線と天北線の分岐駅として鉄道従事者が数多く居住していたが、廃線や運行規模縮小により、鉄道関係者が異動して人口が減少した例もある。そして、現在の音威子府村は高齢者の福祉施設などがなく、介護を必要とする場合、他の町に移るしかないのが現状だ。

ただし、酪農業への転換が成功し、生産年齢人口が老年人口を上回っている自治体もある。これは酪農業と生乳を原料とした製造業が一定の雇用を生み出し、地域経済を底上げしていることが考えられる。たとえば、豊富町《とよとみちょう》や幌延町《ほろのべちょう》では酪農業が盛んで、多くの乳用牛が飼育されている。しかし、酪農業に成功した牧場経営者は駅から離れた場所に居住し、移動手段は当然クルマである。鉄道を利用する機会はおのずと限られる。

現状では、**地域の発展と鉄道の需要が必ずしも比例しない**ことが、過去の事例から示されており、鉄道が廃線になっても人口が減少しなかった同じ北海道の中標津町《なかしべつちょう》や鹿児島県鹿屋《かのや》市の例がある。これについては次章でくわしく触れたい。

◉鉄道だけに捉われない観光ルートを開発できるか

現在の宗谷本線の課題を解決し、路線を維持するためには、より広範な地域振興策や交通手段の再考が必要である。交流人口を増やす、需要を外から持ってくる、つまり観光ルートとして活用するしか選択肢がない。

宗谷本線の観光活性化を図るため、「花たびそうや」といった観光列車が運行され、豪華クルーズトレイン「The Royal Express」も走行し、多くの乗客を集めた。しかし、こうした**観光列車での盛り上がりは一過性のものに過ぎず、その持続可能性には疑問符がつく。**

とくに宗谷本線を利用した道北地方の旅行には致命的な弱点がある。それは周遊ルートが極めて組みづらい点だ。宗谷本線の旅行先となれば、大多数は日本最北の地である稚内となる。しかし、稚内へ鉄道でアクセスするには、札幌からは5時間以上、旭川から約3時間40分と、かなりの長旅となる。また、宗谷本線以外に鉄道ルートがないため、同じルートを行き帰りする必要があり、よほどの鉄道好きでもない限り、この移動時間は明らかに時間の浪費となる。

これがバイクでのツーリングや車でのドライブとなると、日本海側を通って稚内へ来て、そこからオホーツク海沿いに下っていくといった周遊ルートが可能だが、鉄道ではなく、仮にバスを使っても、オホーツク海に沿って網走まで走るようなバスルートはない。

さらに、稚内市内にある空港も利用者数が減少しており、冬場の観光需要が低いことも課題である。稚内への旅行者はおもに夏場に訪れ、冬場は札幌や函館、網走、知床などほかの観光地に後《おく》れをとっている。

このように、宗谷本線の観光路線化を推進するなら、片道鉄道、片道フライトといった組み合わせでの割引切符、鉄道とバスを組み合わせた定番周遊ルートの開発、冬場の観光のプロモーションなど、**鉄道にとらわれない、他の交通機関との組み合わせでルートのバラエティを持たせる必要**がある。

稚内市は宗谷総合振興局の振興局所在地であり、多くの行政機関があるため、宗谷本線がいますぐなくなるということは考えづらい。しかし、人口減少は間違いなく、鉄道の潜在顧客数も先細りである。営業収支で考えても、観光客からの運賃収入だけで維持するのは現実的ではない。本当に宗谷本線が必要なのであれば、観光客から得られた現地での収入を交通事業者に戻す仕組み、そうしたものを原資とした上下分離まで視野に入れないと難しいと思われる。

難航が予想される予土線存廃協議。解決への道筋はあるか？

予土《よど》線は愛媛県の北宇和島駅から高知県の若井駅まで、四万十川《しまんとがわ》に沿って走る76・3㎞の風光明媚《ふうこうめいび》な路線である。しかし、その利用者数は低迷しており、JR四国は利用者の少ない路線について、存廃も含めた自治体との協議を始めたい意向を示している。

予土線はその路線の1つであり、今後のあり方が不透明な状況だ。予土線の今後はどうなるのか？　JR四国、自治体、政府それぞれの立場から考えてみたい。

◉協議を早急に進めたいJR四国の「言い分」とは

JR四国の経営は非常に厳しい。コロナ禍の影響もあるが、そもそも、四国は大きな都市もなく、もともとの市場が非常に小さい。黒字路線はコロナ禍前でも本四備讃《ほんしびさん》線しかなく、それもかろうじて黒字というレベルで、他の路線はすべて赤字であった。

コロナ禍を経て、全線が赤字となり、鉄道事業の早急な再構築が求められている。四国の小さな市場では鉄道外事業にも限りがあり、小売業や不動産業でも収益を上げることができているJR北海道と比べても苦しい状況だ。そうしたなか、JR四国が存廃議論を始めたいとされる路線が以下の3路線4線区である（カッコ内の数値は2022〈令和4〉年度輸送密度）。

＊予土線……北宇和島駅～若井駅（220）
＊予讃線……向井原《むかいばら》駅～伊予大洲《いよおおず》駅（307）
＊牟岐《むぎ》線……阿南《あなん》駅～牟岐駅（437）、牟岐駅～阿波海南駅（168）

そして、存廃議論への道筋となるのが、**2023（令和5）年10月1日に施行された改正地域公共交通活性化再生法**である。これにより、事業者または自治体から要請すれば、路線の存廃の前提を置かず、国土交通省が中立の立場で参加する再構築協議会の設置が可能となった。しかし、原則として再構築協議会が設置できるのは複数の県にまたがる路線とされている。これは県によって利用者数など条件が異なり、路線の存廃議論に対して温度差が生じ、円滑な議論が難しくなることを想定したものである。これらの路線のなかでこの条件に合致《がっち》するのは予土線だけであり、この点において他の路線とは条件が異なる。

JR四国は「利用促進については従前《じゅうぜん》より行なっており、もはやその時期は過ぎている」との認識を示している。まずはそれぞれの自治体と丁寧な議論を求めているが、あくまで議論の本題は存廃であり、それが進まない場合、再構築協議会の設置も視野に入れている。

◉警戒心あらわな4県の知事たちの「言い分」とは

この状況に対し、沿線自治体は強い警戒感を示しており、四国4県の知事は猛反発している。とくに再構築協議会が設置される可能性がある予土線においては、愛媛県、高知県ともに、かなり厳しい態度を示している。両県の知事が問うているのは、**「国鉄分割民営化の是非」「県をまたがる交通手段の確保は国の責任」「鉄道の公共性」——つまりは「国の責任」**である。

とくに国鉄分割民営化においては、北海道、四国、九州のいわゆる「三島会社」は当初より経営基盤が弱く、そもそも鉄道事業が黒字になる見込みがなかったとされている。そのため、JR四国には分割民営化時に経営安定基金として2082億円が交付された。

この基金を運用し、赤字の補填に運用するスキームだったが、その後の景気後退により運用益が減少し、赤字の補填に不十分な状況となっている。もともと、JR四国は国の支援なしでは成立しないという考え方であり、経営安定基金で赤字補填できないのであれば、さらに国からの援助が必要であるということだ。

こうした存廃が問われる協議会においては、鉄道事業者と自治体が対立するケースが見られるが、四国の場合、国土交通省と自治体が対立する可能性があり、県知事が国土交通省に国鉄分割民営化の是非を問うことも考えられる。

一方、政府にとってみれば、**国鉄分割民営化の是非を問うことは、まず受け入れられないだろう。**過去の政策の過《あやま》ちを認めた場合、その責任は全国のローカル線に及び、もはや収拾のつかない状態となる。政府はJR全社の完全民営化をゴールに置いており、JR四国もそれを前提とした経営である。不採算部門は極力削減していくという民間会社では当たり前の方針であり、鉄道の公共性を訴える自治体では温度差がありすぎるのが現状だ。

こうした状況で国土交通省が再構築協議会を主導した場合、自治体からの大きな反発が予想される。各路線の存廃議論以前に、国鉄分割民営化を行なった政府の責任が追及される可能性があり、その議論の行き先はまったく予想がつかない。

◉観光客が増えれば、JR四国の経営は潤うのか？

現実問題として予土線の沿線人口は減少し、将来的な人口増加の見込みも乏《とぼ》しく、通勤・通学といった地元の利用者数は減少していく。そのような状況でも鉄道を維持するためにできる方法は「観光による交流人口の拡大」「クルマ利用から公共交通利用への転移」の2つに絞られる。

観光については、すでにさまざまな取り組みが行なわれており、インバウンドの呼びこみなど、まだまだ増やす余地はあるだろう。しかし、路線の収支を大きく改善させるほどのインパクトを求めるのは現実的ではない。また、**観光客が大きく増加しても、JR四国にとってはさほど大きな収益には結びつかない**。地元が得られた経済効果を運賃とは別のかたちでJR四国に配分するようなスキームができれば、JR四国にもメリットが生まれる。すぐにできることではないだろうが、そうした施策も考えていく必要がある。

クルマ利用から公共交通利用への転移はさらに難易度が高い。地元住民への「マイレール運動」といった試みで大きな効果を得ることは難しい。鉄道のみならず、公共交通を維持するという観点で考えれば、駅を中心とした新たなまちづくりが求められ、鉄道を積極的に利用するメリットの提供や社会の大改革が必要であると考えられる。

しかし、これにはある程度の時間が必要であり、即効性のあるものではない。JR四国がそこまで待ってくれるかという問題がある。さらに駅を中心としたまちづくりには一定数の人口が必要であり、予土線の大半の駅では周辺人口が希薄過ぎるため、難しいだろう。

国鉄分割民営化の是非については、個人的に**政府の総括が必要**と考える。しかし、今後利用者が減っていくローカル線を、国が長期にわたって支えていくのも持続可能性がある方法とはいえない。もう少し、補助の割合を高める必要はあるかもしれないが、やはりどこかで線引きは必要であり、その土地に見合った交通モードに変えていく必要があるのではないだろうか。

2章

「鉄道廃止＝地域の衰退」はもはや既定の図式なのか？

廃線で地域は衰退しない？ 鉄道を失っても人口を維持した町の秘密

知床《しれとこ》半島の付け根のやや南側。網走、根室、釧路のほぼ中間に位置する中標津町《なかしべつちょう》には、かつては国鉄標津線があったが、１９８９（平成元）年4月30日をもって廃線された。

廃線からすでに30年以上の月日が経《た》つが、じつはこの町は鉄道を失って以降、人口がほとんど減っていない。鉄道が廃止になると町が衰退するといわれることが多いが、中標津町はなぜ活気を失わないのだろうか？

◉廃線後も20年にわたって人口をキープ

中標津町を訪れて驚くのが、自動車の往来の多さと、町の郊外にある道路沿いに立地する多数の路面店舗である。中標津町は釧路、根室、網走といった主要都市のほぼ中間に位置する小さな自治体であるが、その様子は中規模の都市の郊外の風景と何ら変わらない。

その中標津町に見られる活気は２０００（平成12）年から２０２２（令和４）年の人口推移に示されている。この20年ほどで減った数はわずか７００人。**２０００年を１００とすると、人口減少率は約97％**と人口減少社会では驚異的な数値といえる。

北海道、おもな市町村の2000年からの人口推移

地域	2000年	2010年	2015年	2020年	2022年	減少率
釧路市	201,566	181,169	174,742	165,077	160,731	79.74%
北見市	132,025	125,689	121,226	115,480	113,226	85.76%
網走市	43,395	40,998	39,077	35,759	33,509	77.22%
紋別市	28,476	24,750	23,109	21,215	20,728	72.79%
根室市	33,150	29,201	26,917	24,636	23,629	71.28%
斜里町	14,066	13,045	12,231	11,418	10,896	77.46%
清里町	5,437	4,551	4,221	3,883	3,810	70.08%
小清水町	6,126	5,358	5,085	4,623	4,514	73.69%
佐呂間町	6,666	5,892	5,362	4,875	4,784	71.77%
遠軽町	24,844	22,265	20,873	19,241	18,548	74.66%
湧別町	11,423	10,041	9,231	8,270	8,111	71.01%
滝上町	3,799	3,028	2,721	2,421	2,367	62.31%
興部町	4,965	4,301	3,909	3,628	3,609	72.69%
大空町	8,946	7,933	7,360	6,775	6,795	75.96%
美幌町	23,905	21,581	20,296	18,697	18,202	76.14%
釧路町	22,478	20,526	19,833	19,105	18,932	84.22%
厚岸町	12,307	10,630	9,778	8,892	8,601	69.89%
浜中町	7,335	6,511	6,061	5,507	5,433	74.07%
標茶町	9,388	8,285	7,742	7,230	7,182	76.50%
弟子屈町	9,493	8,278	7,758	6,955	6,705	70.63%
鶴居村	2,728	2,627	2,534	2,558	2,483	91.02%
白糠町	11,359	9,294	8,068	7,289	7,254	63.86%
別海町	16,910	15,855	15,273	14,380	14,390	85.10%
中標津町	23,179	23,982	23,774	23,010	22,479	96.98%
標津町	6,298	5,646	5,242	5,023	4,955	78.68%
羅臼町	6,956	5,885	5,415	4,722	4,494	64.61%

＊政府統計e-Stats 国勢調査より引用

しかも、２０１０（平成22）年までは人口が増えており、２０１５（平成27）年ころから緩《ゆる》やかに減少に転じているといった状況で、少なくとも１９８９年の廃線から20年間は人口が減らなかったわけだ。

◉空港の存在が衰退を防いだ？

この人口減少率の低さを説明する際、「中標津は鉄道を失ったが、空港があるので、町の規模を維持できている」との声も聞かれる。

たしかに中標津町には中標津空港があるが、ボーディングブリッジが１つだけという非常に小さなターミナルの空港であり、運航されている便

2021年度の北海道内空港の利用者数

全空港内順位	空港名	旅客数(人)	対2020年度比	対2019年度比
3	新千歳	9,226,851	43%	−60%
20	函館	779,102	33%	−54%
28	女満別	467,935	58%	−42%
29	旭川	459,295	59%	−57%
31	釧路	431,811	27%	−47%
37	帯広	295,408	49%	−55%
42	丘珠	195,896	21%	−27%
61	中標津	85,854	43%	−58%
62	稚内	80,672	37%	−59%
72	紋別	37,814	59%	−48%
74	利尻	29,207	24%	−34%
84	奥尻	9,682	26%	−16%

＊東京航空局・大阪航空局利用状況集計表を参考に作成

は、全日空が1日に新千歳から3往復、羽田から1往復、日本航空が丘珠《おかだま》から2往復とけっして多くはない。2021(令和3)年度の日本の空港利用者数ランキングでも、中標津空港は旅客数ゼロの空港を除く、日本国内にある89の空港のなかで61位である。

中標津空港に近い空港といえば釧路空港と女満別《めまんべつ》空港だが、これらの空港からは新千歳と丘珠といった道内便に加え、羽田、成田などにも1日10往復以上と運航本数で大きく差をつけられ、利用者数においても釧路空港が31位、女満別空港が28位と水を開けられている。

ところが、女満別空港や釧路空港周辺の市町村の人口推移を見ると、女満別空港のある大空町《おおぞらちょう》は人口減少率約76%、周辺自治体である北見市は減少率約86%と比較的健闘しているが、網走市が約77%、美幌町《びほろちょう》は約76%だ。

釧路空港がある釧路市の人口減少率も80%を切っており、周辺自治体である釧路町の減少率が約84%、白糠町《しらぬかちょう》に至っては64％を切っている。鶴居村《つるいむら》は90％を超えており、かなり良好な数値だが、母数《ぼすう》が小さいため、参考にはなりづらい。

このように、多くのフライトがある空港があり、さらに特急が走る鉄道路線まであるのに、女満別や釧路の人口は減少している。鉄道も空港も、人口推移との相関性は低いことが見てとれる。

◉強固な産業構造が住みよい町をつくった

中標津町の人口減少率が緩やかな理由は、中標津町とその周辺の地域が位置している根釧《こんせん》台地と呼ばれる日本最大規模の台地に秘密がある。

この台地の土壌《どじょう》は火山灰であり、農業にはまったく適していないが、その大地は酪農には最適とされ、もともと大規模経営の酪農家が多いのが特徴となっている。さらに、開拓時代から格子《こうし》状に防風林が張りめぐらされており、その様子は人工衛星からも確認できるほど広大で、北海道遺産にも指定されているほどだ。

この酪農業が地域の主要産業となっており、2020（令和2）年度のデータでは、中標津町の生乳産出額は日本全体で2位である。そして1位はというと、中標津町の南側に隣接する別海町《べつかいちょう》であり、さらに3位は西側に隣接する標茶町《しべちゃちょう》と、このエリアだけで日本の生乳産出額のトップ3を占《し》めている。

２０２０年度の酪農を含む、農業産出額全体を見ても、別海町は日本全体で3位、標茶町が31位、中標津町42位と、**中標津町の発展は中標津単独のものではなく、この地域全体における酪農を中心とした強固な産業構造によるもの**といえる。

さらに、北海道全般が対象となるが、本州の酪農家の平均的な経常利益が３００万円であるのに対し、北海道は１４００万円と4倍以上の差がついている。これは北海道という土地柄《がら》から、牧草や飼料となるトウモロコシなどが本州に比べて低いコストで入手できることなどの理由があるようだが、利益率の高さが、農業産出額の高さにもつながっていると考えられる。

このように、中標津と周辺地域一帯で発展し、もともとこの地域では一番大きな市街地であった中標津が周辺の自治体の買い物需要に応える場所となり、それが郊外型の路面店舗の多さ、中標津町の市街地の発展とリンクしているわけだ。

そして、一定規模の人口が維持できることで、教育や医療といったインフラを保持することが可能になり、中標津には北海道中標津高等学校と北海道中標津農業高等学校という2つの高校、中標津町立病院があり、住民が住み続けやすい環境が整っている。

こうして見ていくと、鉄道の廃線は町の衰退につながるとはいえず、町が衰退するかどうかは、結局のところ、その地域の産業構造によるといえる。

北海道、おもな市町村の2022年以降の将来人口推計

地域	2022年	2030年	2035年	2040年	2045年	減少率
釧路市	160,731	146,422	135,811	124,945	114,040	70.95%
北見市	113,226	104,061	97,226	89,921	82,362	72.74%
網走市	33,509	32,528	30,246	27,896	25,496	76.09%
紋別市	20,728	17,447	15,553	13,743	12,032	58.05%
根室市	23,629	19,610	17,330	15,190	13,210	55.91%
斜里町	10,896	9,826	9,006	8,191	7,396	67.88%
清里町	3,810	3,133	2,784	2,460	2,163	56.77%
小清水町	4,514	4,106	3,782	3,452	3,140	69.56%
佐呂間町	4,784	3,794	3,318	2,863	2,448	51.17%
遠軽町	18,548	16,385	14,914	13,497	12,137	65.44%
湧別町	8,111	6,865	6,153	5,466	4,800	59.18%
滝上町	2,367	1,803	1,558	1,335	1,126	47.57%
興部町	3,609	2,860	2,555	2,258	1,991	55.17%
大空町	6,795	5,699	5,181	4,667	4,154	61.13%
美幌町	18,202	16,156	14,723	13,274	11,858	65.15%
釧路町	18,932	16,402	15,059	13,605	12,121	64.02%
厚岸町	8,601	7,305	6,511	5,770	5,049	58.70%
浜中町	5,433	4,643	4,200	3,765	3,349	61.64%
標茶町	7,182	6,002	5,457	4,924	4,401	61.28%
弟子屈町	6,705	5,824	5,199	4,602	4,045	60.33%
鶴居村	2,483	2,140	1,991	1,825	1,651	66.49%
白糠町	7,254	4,904	4,054	3,297	2,657	36.63%
別海町	14,390	12,915	12,064	11,150	10,212	70.97%
中標津町	22,479	21,803	20,853	19,739	18,480	82.21%
標津町	4,955	4,035	3,623	3,214	2,823	56.97%
羅臼町	4,494	3,788	3,312	2,861	2,434	54.16%

＊政府統計e-Stats 将来人口推計より引用

◉中標津町も人口が徐々に減っている

これまで人口の減少を最小限に止《とど》めてきた中標津町だが、日本全体の人口減少には抗《あらが》うことはできていない。徐々に人口を減らしており、２０４０年には２万人を切る見込みだ。

また、住民の足は自家用車であり、鉄道の代替として運行されているバスの利用者は低迷している。そうしたなか、厚床《あっとこ》と中標津を結ぶバスは２０２３（令和５）年９月いっぱいで廃止され、標津標茶線も近い将来、運行区間が短縮される見込みだ。

釧路標津線などはすでに公的補助を受けながらバスを運行している状態で、このまま人口が減少し続ける

と、バス路線の存続も難しくなる。

そうした状況に危機感を持つ中標津町では、地域再生計画を打ち出し、子育て世代へのサポート、若者や女性の人口流出を防ぐべく、さまざまな施策を打ち出している。

ただ、そのような危機感を持つ中標津町の人口減少率は２０２２年と２０４５年で見ても、82%となっており、この一帯の自治体のなかで唯一の80%超えである。

中標津の周囲にある別海町の約71%、標茶町の約57%はまだよいほうで、根室市では約56%、釧路市に隣接する白糠町では約37%という驚愕《きょうがく》の数値が出ている。そして中標津町は２０２５年には根室市の人口をも上回る見込みである。

どの数値から見ても、根室本線がある根室市よりも、ずいぶん昔に鉄道を失った中標津町のほうが勢いを失っていないということになり、やはりまちづくりにおいて鉄道の存続は大きな部分を占めるものではなく、**その地域の産業構造の変革、交通機関の種類にとらわれない、住みやすいまちづくりが求められる**のではないだろうか。

廃線後も人口を減らさなかった鹿屋市の「他所にはない」強みとは

鹿児島県の鹿屋《かのや》市は、かつて国鉄大隅《おおすみ》線が通っていたが１９８７（昭和62）年3月14日に廃

鹿屋市と鹿児島県主要都市の人口推移比較

地域	鹿屋市	鹿児島市	霧島市	薩摩川内市	垂水市	志布志市
1980年度	100,005	547,756	102,157	102,143	24,179	38,404
1985年度	102,653	574,672	109,929	108,105	23,504	38,387
1990年度	103,761	582,252	116,247	106,432	22,264	37,316
1995年度	105,059	594,430	122,279	106,737	20,933	36,694
2000年度	106,462	601,693	127,912	105,464	20,107	35,966
2005年度	106,208	604,367	127,309	102,370	18,928	34,770
2010年度	105,070	605,846	127,487	99,589	17,248	33,034
2015年度	103,608	599,814	125,857	96,076	15,520	31,479
2020年度	101,096	593,128	123,135	92,403	13,819	29,329
増減率	101.1%	108.3%	120.5%	90.5%	57.2%	76.4%

＊政府統計e-Statsのデータをもとに筆者作成

線。それ以降、この地域から鉄道は失われたが、鹿屋市の人口は2000（平成12）年まで増加を続け、現在においても鹿児島市、霧島市に次いで、鹿児島県内で3番めである。

鹿屋市は鉄道がない状態でも大きく衰退することなく、町は一定規模を維持してきた。鉄道の廃線と町の発展との関連について、鹿屋市をサンプルに探ってみたい。

◉「鉄道抜き」でも町が発展することを証明した

1980（昭和55）年の10万5人から、人口増加のピークを迎える2000年の10万6462人まで、1987年の大隅線の廃線にもかかわらず、鹿屋市の人口は増加していた。

つまり、**廃線後も13年にわたって人口が増加**したわけで、この1点だけを見ても、少なくとも鹿屋市において鉄道の廃線と町の衰退に関連性はない。

その後、2000年から2020（令和2）年まで緩やかな減少が見られ、2023（令和5）年では9万8763人まで減少した。

しかし、1980年から2020年の人口増減率を見ると、鹿屋市が100％を超えているのに対し、同じ大隅線の沿線自治体だった垂水《たるみず》市は57・2％、志布志《しぶし》市は76・4％と、鹿屋市とはかなり状況が異なる。

次に鹿児島県の主要都市である鹿児島市、霧島市、薩摩川内《さつませんだい》市と比較すると、鹿屋市は鹿児島市や霧島市よりも増減率が小さいものの、九州新幹線のある薩摩川内市は鹿屋市よりも数値が悪い。新幹線がある薩摩川内市の数値よりも、鉄道が廃線された鹿屋市のほうが人口が減っていないという事実を見ると、やはり廃線と人口減少との直接の相関関係は明確ではないといえる。

◉なぜ、廃線後も人口を維持できたのか？

鹿屋市が人口を維持できた要因として、しっかりとした基幹産業の存在が考えられる。その基幹産業の1つが農業だ。

鹿屋市は畜産業が盛んで、鹿児島黒牛や、かごしま黒豚などのブランドで知られ、肉用牛は宮崎県 都城《みやこのじょう》市に次いで全国2位である。さつまいもや茶も特産品で、鹿児島県は日本有数の茶の産地だ。2019（平成31／令和元）年度には、50年以上トップの座に君臨してきた静岡県の牙城《がじょう》を崩し、全国トップに立ったことがあるほどで、2022（令和4）年度も2位の座につけている「茶処《どころ》」である。

こうした豊かな農産物を原材料とする食料品製造業も鹿屋市の産業の柱であり、大きな雇用を生み出している。2023（令和5）年には、山梨県に本社を置く食品メーカーであるシャトレーゼとの新工場建設協定を締結するなど、鹿屋市も農作物の生産地であるメリットを活かした展開を図っている。その他、電子機器の工場も立地している。

こうした基幹産業の存在により、周辺から鹿屋市内への流入人口も多い。そして、それがバイパス沿いに見られる郊外型店舗といった小売業の展開につながり、その経済基盤をさらに強いものとしている。

また、鹿屋市は旧日本海軍鹿屋基地を前身とする海上自衛隊鹿屋航空基地があり、戦前から基地とともに歩んできた町である。任務に就《つ》く隊員や家族などと鹿屋市の経済との結びつきも密接である。そして、鹿屋市に対しては国から基地周辺整備のための特定防衛施設周辺整備調整交付金、在日米軍再編にともなう再編交付金が交付されている。

これらの交付金は数億円であり、鹿屋市の歳入額が500億円以上であるのに対し、市の財政に与える影響は大きなものとはいえないが、基地の存在は鹿屋市の市場の拡張に寄与している。そして、鹿屋市には鹿屋体育大学があり、学生が約800人、職員が約200人と合わせて1000人ほど在籍しており、これも鹿屋市の市場拡大に一役買っている。

このように、**基地や大学の存在、農業や製造業が主要な経済基盤**となっており、それが鹿屋市の人口維持につながり、鉄道の廃線が経済に与える影響はほとんど見られないわけだ。

◉全線開通の前から前途が危ぶまれていた大隅線

大隅線は1915（大正4）年、軌間762㎜の軽便《けいべん》鉄道として部分開業し、その後延伸をくり返したが、鹿児島方面へと接続する国分《こくぶ》駅への延伸は最後となり、全線開通したのは1972（昭和47）年とかなりの時間を要した。しかも、開通前の1968（昭和43）年には赤字83線（国鉄諮問《しもん》委員会より廃止対象に選定された83の路線）にリストアップされ、全線開通前からその前途が危ぶまれていたのである。

利用状況が芳《かんば》しくなかったためにリストアップされたわけだが、その理由は鹿児島方面へと接続する大隅線の国分駅への開通が遅すぎたため、すでに鹿屋市が自動車中心の交通体系を確立していたからだ。

とくに県都である鹿児島市へのアクセスは重要なものだが、鹿屋市からクルマまたはバスで垂水港へ行き、そこから南海フェリー（現・鴨池・垂水フェリー）への乗船が鹿児島市への最短ルートとなった。現在でも鹿児島中央駅と鹿屋市を結ぶ都市間バスは、バスごとフェリーに乗りこみ、鹿児島市内への最短ルートとして機能している。

このように、大隅線が全線開通した時点で、鹿屋市において大隅線の必要性は低く、全線開通からわずか15年で廃線となったのだ。このことから、交通体系は必ずしも鉄道である必要はなく、また、しっかりとした産業基盤があれば、町の発展は可能ということである。

◉人口減、中心街の空洞化…将来の課題は全国共通

大隅線の廃線が町の経済に及ぼす影響がなかった鹿屋市であるが、今後の人口減少と雇用創出が深刻な課題となっている。かつてはデパートや市役所、バスセンターが並んでいた鹿屋市の中心街、本町・北田地区はかなり衰退しており、目抜き通りの商店街はシャッター通りと化している。

都市計画がうまく機能せず、無秩序に町が広まってしまう「スプロール現象」により、町が広範囲に拡大してしまっている。さらに自動車の分担率が上がり、中心街の衰退、郊外型店舗増加に拍車がかかり、鹿屋市の状況はほかの鉄道がある地方都市と何ら変わらない。

現在の地方都市が抱える問題は全国共通であり、もはや鉄道の有無だけでくることができないのが実情である。

夕張での「攻めの廃線」は、公共交通の衰退を加速させたのか？

2019（平成31）年4月1日、石勝《せきしょう》線の夕張支線が廃線となり、バスへと転換された。そして、2023（令和5）年10月1日、夕張市の公共交通を担《にな》う夕鉄バスは、新札幌駅を発着する3路線を廃止した。このバス路線の廃止は鉄道の廃線が原因となって、夕張市の衰退がさらに進んだということなのだろうか。

◉炭坑業からの転換失敗で、市の財政が破綻

夕張市は1960（昭和35）年に人口10万7972人とピークを迎え、明治の頃から炭鉱の町として栄えた。

しかし、エネルギー革命による石油への転換と外国産石炭の輸入により、炭鉱産業は競争にさらされ、1965（昭和40）年以降、人口流出が加速。その後も石炭政策の変遷やガス爆発事故などにより、夕張市の炭鉱事業は衰退を続け、1990（平成2）年にはすべての炭鉱が閉山。当時、人口はすでに2万1000人にまで縮小していた。

夕張市はその後、観光業への転換を図り、1991（平成3）年にマウントレースイリゾートを開発。ところが経営難に陥《おちい》り、2002（平成14）年に夕張市が購入するも、その夕張市も2007（平成19）年に財政破綻《はたん》した。観光業への転換の失敗が財政破綻の一因といえる。

その後、夕張市は現・北海道知事である鈴木直道氏が2011（平成23）年に市長に就任。**自治体からJR北海道に対して廃線を要望し、代わりにバス路線再編などの資金を調達する、いわゆる「攻めの廃線」**が行なわれ、2019年4月に夕張支線は廃線となった。

2020（令和2）年には、コロナ禍の影響で観光業が再び打撃を受けた。そして前述のとおり、2023年10月1日に夕鉄バスが新札幌駅を発着する3路線を廃止し、夕張市の公共交通の今後が懸念《けねん》されている。

夕張支線の輸送密度の推移

年度	輸送密度
1975年度	2,318
1980年度	1,740
1985年度	1,187
1987年度	1,129
2012年度	110
2013年度	110
2014年度	117
2015年度	118
2016年度	80
2017年度	60
2018年度	146

◉夕張支線の廃線は妥当なものだった？

まずは、夕張支線の廃線前の輸送密度を見ていただきたい。夕張市の現状に影響を与えたおもな要因は、国のエネルギー政策の転換であったことは間違いない。とくに炭鉱の衰退とともに1975（昭和50）年度以降、人口減少が加速し、それとともに夕張支線の輸送密度が下がっていった。

炭鉱業からの転換を試み、観光業に転換するも成功せず、新たな産業の育成にも失敗。この流れにより夕張支線の存在意義が揺らぎ、大量輸送という鉄道のメリットが活かしづらくなった。**仮に鉄道の運行本数を増加させても、これだけ人口減少が進む状況では、本数を増やすだけのコストを回収できるほど乗客が増えたとは考えづらい**。

結局、炭鉱業があったから人が集まり、それが衰退すると人は去っていく。そして、観光業を主要産業に転換する取り組みも不成功に終わり、さらに人が減ったわけだ。

◉夕張支線を観光路線にする手はなかったのか？

マウントレースイリゾートは夕張駅に隣接している。鉄道との親和性が高く、新潟県のガーラ湯沢のようになれなかったのかと考える読者もいるのではないだろうか。それにもかかわらず、夕張支線が廃止された理由は、まず所要時間とスキー市場の縮小が挙げられる。

鉄道の所要時間が高速バスとあまり変わらないうえに、鉄道の運賃は高く、途中での乗り換えも必要であったため、競争力に乏しかった。さらにスキー市場は１９９０年代に拡大したが、その後の減少に直面し、マウントレースイリゾートはニセコなど知名度の高い他のスキーリゾートに勝つことができなかった。

このように、夕張支線は観光路線としての機能を果たせず、結局廃止される結末となったわけだ。

◉「攻めの廃線」は本当に正しかったのか？

夕張支線の廃線協議においては、夕張市とＪＲ北海道の間で、以下の条件で廃線に合意した。

＊ＪＲ北海道は夕張市が南清水沢地区に整備を進めている拠点複合施設に必要となる用地を一部譲渡する

＊ＪＲ北海道は夕張市で持続可能な交通体系を再構築するための費用として7億５０００万円を拠出する

１つめの条件である複合施設は、２０２０（令和２）年に拠点複合施設「りすた」として開業した。２００７（平成19）年の財政破綻で図書館を失った夕張市が、再び図書館を手に入れたのだ。鉄道路線の廃止にともない確保された用地は、学習スペースとして学生たちに提供されており、市民全体に受益をもたらしている。

そして、２つめの条件により、夕張市内のバスを20年間運行できることとなった。廃線後は１日10往復のバスが運行され、現在でも同じ運行本数が維持されている。10月１日に廃止されたバスは郊外への路線であり、この市内路線とは別物だ。

今回廃止されたのは新札幌駅までのバスで、1956(昭和31)年から北海道中央バスとともに運行されており、夕張支線の廃線でシェアが拡大することになっても減少することは考えづらく、夕張支線廃線との関連性は考えにくい。

夕鉄バスの札幌急行線が廃止される一方で、北海道中央バスの高速バスである「高速ゆうばり号」は残存する。他の地域でも需要減少とドライバー不足がバス会社に影響を与え、競合から協調への転換が見られる。夕鉄バスは、北海道中央バスの路線があったからこそ、手を引くことができたともいえる。

また、夕鉄バスはドライバー不足、コロナ禍による利用者減少、原油価格高騰などが路線廃止の理由としている。バス会社にとっては市外への高速バスのほうが利益率は高いが、コロナ禍の影響で札幌方面へのバスの利益率が低下したのが大きかったようだ。

2024(令和6)年4月より、運転手の時間外労働が年間960時間に規制されることもあって、バス会社は路線整理に迫られている。夕鉄バスの市内路線は夕張市内の生活路線であり、7億5000万円の支援金で20年間の維持が可能とされているため、廃止するなら札幌方面への路線しかなかったわけだ。

このように夕張の場合、産業衰退による人口減少、市政の失敗による財政破綻といったところが人口減少の理由である。結局、**その土地に産業があれば、人は定住するし、そうでなければ移動する**というシンプルな話であり、鉄道の廃線が町の衰退の大きな理由になったとは考えにくいのだ。

どの自治体も頭を悩ませる「廃線跡」の活用法

現在、いくつかの路線で存廃議論が進められているが、JR西日本の三江線《さんこう》やJR北海道の日高本線の一部など、国鉄分割民営化以降に廃線になった路線もある。

そのような路線の廃線後を見ると、線路施設の処理や活用方法などが大きな問題となっている。この項では、廃線後の路線の現状や、今後の活用方法などについて見ていこう。

◉線路施設の撤去が簡単ではない理由

路線の廃線後、線路施設などは速《すみ》やかに撤去されると思われがちだが、じつは長い時間を要することが多い。駅舎などは地元の施設として再利用されるケースもあるが、問題はトンネルや橋梁《きょうりょう》といった構造物である。

2018（平成30）年に廃線となった三江線では、いまだに8割程度の橋梁が現存しているとの報道があった。これらは、すべての橋を撤去するには10年以上の月日がかかり、橋梁の下に河川や道路があるため、行政機関などとの調整が必要。さらに、工事の音や振動が周辺住民に影響を与える可能性もあるなど、簡単に撤去できないのが実情である（『中国新聞』2023年5月2日の報道より）。

トンネルについても同様で、内部への立ち入りを制限するために入り口は厳重に封鎖されている。仮に内部に入りこみ、事故でも発生しようものなら、鉄道事業者は所有者としてその責任を問われるからだ。

このように廃線となったあとも、沿線自治体などが希望しない限り、廃線跡は鉄道事業者の所有物として維持せざるを得ず、一定の安全性の確保が求められる。たとえば、橋梁が崩壊するようなことがあれば、河川や道路に影響を及ぼすため、列車が運行されていたときに比べれば、費用こそ小さくなるものの、管理には一定の費用と手間がかかり、廃線後も鉄道事業者の負担としてのしかかる。

◉「観光鉄道」として利益を出すには、行政の支援が必須

廃線後に線路施設の譲渡を受け、観光鉄道として維持されるケースもある。前述の三江線ではNPO法人として江《ごう》の川《かわ》鐵道が設立され、旧口羽《くちば》駅または旧宇津井《うづい》駅から発着する観光用の

トロッコ列車が運行されている。

北海道の陸別町《りくべつちょう》では、北海道ちほく高原鉄道ふるさと銀河線（2008〈平成20〉年4月21日廃止）の線路の一部と、動態保存されていた気動車6両を引き継いで商工会が事業主体となり、「りくべつ鉄道」が立ち上げられた。ここでは保存車両での乗車体験、運転体験などが行なわれている。

秋田県の小坂町でも小坂鉄道（2009〈平成21〉年4月1日廃止）の廃線跡を利用し、運転体験や観光トロッコ乗車体験のほか、寝台特急「あけぼの」で運用されていた車両を使ってのブルートレインホテルがある（2023〈令和5〉年現在、ブルートレインあけぼのは営業休止中）。

このほか、宮崎県の高千穂町では、高千穂鉄道（2008年12月28日廃止）の廃線跡を使って高千穂あまてらす鉄道がトロッコ列車を運行するなど、廃線跡を利用した観光鉄道の例は多いが、現状、ほぼ毎日運行され、事業として一定の成功を収めているのは、高千穂あまてらす鉄道のみである。

このように、廃線されたような**人口規模が小さな場所で、民間企業が線路施設を所有し、維持したうえで利益を出すことは至難の業《わざ》**である。そのため、こうした観光目的の保存鉄道すべてにいえるのは、自治体が線路施設を保有し、無償提供するなど、行政のバックアップが必須条件だということだ。さらにその後の事業の継続においても、補助金を投入するなどの支援が必要なところが多く、それに見合うだけの誘客《ゆうきゃく》効果が求められる。

廃線されるような路線の沿線自治体は財政規模が小さなところが多く、そこまで踏みこめるだけの自治体は少ないのも現実である。


◉なぜ、廃線跡は使いみちが少ないのか?


廃線となる路線は利用者の少ない路線であり、ほとんどの場合、単線である。そのため廃線跡は細長い土地が延々と続くものとなり、宅地への転用も難しく、非常に扱いづらい。廃線後の土地の転用方法を見ると、もっとも多いのが遊歩道やサイクリングロードで、日立電鉄や鹿島鉄道などのようなBRT(バス高速輸送システム)専用道への転用が数件見られる程度だ。

ただ、BRTは気仙沼線・大船渡線(JR東日本)や日田彦山《ひたひこさん》線(JR九州)の一部区間のように、線路施設が被災したケースでもない限り、線路を剝《は》がし、整地して舗装するには相当なコストを要する。廃線してBRTという選択肢を選ぶところが少ないのはそのためである。

また、そもそも廃線になるような地域は人口が希薄《きはく》で、道路事情もよいところが多く、**わざわざコストをかけてBRT専用道を設けずとも、一般道で十分対応可能**である。さらに線路は設計が古く、曲線が多いのに対し、道路はより直線的であり、廃線跡をわざわざ道路にする必然性が低いのも事実だ。

◉廃線跡の活用を模索するJR北海道

使い道の少ない廃線跡をどのように活用するか、JR北海道では社外からのアイデアを採り入れるため、「廃線跡地活用オープンイノベーションプログラム」を実施し、民間との協業を募《つの》った。その結果、以下のような案件が決定した。

①日高本線のトンネルでのワインカーヴとしての活用
②ミューラルアート（壁画）を廃線跡の壁に描《えが》くことで新たな観光スポットを構築
③ドローンのカテゴリーⅢ（目視外・補助者なし）の長距離飛行ができるフィールドの提供
　線路点検用AIソフトウェアの開発フィールドとしての利用
④廃線跡地とその景観を利用したキャンプ場やグランピング施設の開発
⑤太陽光発電施設を建設し、再生可能エネルギーの発電に活用

太陽光発電パネルがずらっと並ぶ様子は、他の廃線跡でも見られるが、その他の案件はあまり見られないものである。

廃線跡が多い北海道では、その後の土地の活用方法が課題であり、とくに経営状態が芳《かんば》しくないJR北海道として、廃線跡での事業が成功すれば他の路線にも同様のアイデアを導入できる可能性があり、こうした取り組みに積極的だ。

廃線は、沿線では大きな損失としてネガティブに捉えられることが多いが、**廃線跡で新たな雇用機会が生まれれば、ポジティブな機会に変えることができる**かもしれない。

今後の人口減少を考えると、さらに多くの路線が廃線となるケースも考えられ、廃線後の土地をどのように有効活用していくかは、JR北海道だけではなく、全国の鉄道事業者共通の課題ともいえる。

留萌本線と羽幌線。沿線は廃線後どう変化したか？

2023（令和5）年4月1日、留萌《るもい》本線の石狩沼田駅から留萌駅の区間が廃線となり、残る深川駅から石狩沼田駅の区間も、2026（令和8）年3月いっぱいでの廃線が予定されている。

留萌駅からはかつて、宗谷本線の幌延《ほろのべ》駅まで羽幌《はぼろ》線が分岐していたが、こちらは1987（昭和62）年3月30日、国鉄分割民営化直前に廃線となった。留萌～石狩沼田間が廃線されたばかりの留萌本線と廃線となって30年以上の月日が流れる羽幌線。それぞれの沿線状況の現状はどうなっているのだろうか。

◉留萌本線、部分廃線後の現在

留萌本線の部分廃線によるバス転換は、新たなバスの運行が始まったわけではなく、既存のバス路線である留萌旭川線が担うこととなった。沿岸バスと道北バスの共同運行となっており、観光バスタイプの車両が運用されているので、乗り心地もよい。

バスは深川駅近くの深川十字街から留萌市の中心である留萌十字街に向けて、1日5往復の運行。これとは別に峠下《とうげした》駅最寄りの峠下分岐点バス停と留萌十字街の区間運行が1往復設定されている。深川十字街から留萌駅前バス停までの所要時間は1時間8分。留萌本線の最速列車は所要時間55分であったため、バスだと10分以上余計に時間がかかる。

このバスは、ほぼ留萌本線に沿って運行されるが、石狩沼田駅がある沼田町は通らない。需要はかなり少ないだろうが、留萌本線の石狩沼田駅から留萌駅までの区間が廃線されたいま、バスでも直接移動することはできず、**留萌旭川線は厳密には留萌本線の代替ルートとなっていない**。バスドライバー不足の昨今、鉄道を廃線にしても、新たに路線を設定することは難しく、また、新しいバスルートを設定しても、大きな需要が見込めないため、既存ルートを代替路線として転換する方法しかないのが実情である。

そして、この留萌旭川線は国、道から地域間幹線系統として補助金が支給されているが、それでも赤字の欠損を賄《まかな》いきれず、今後の存続について関係市町と協議しているという厳しい状態にある。筆者が2023年5月に乗車した際にも、深川からしばらくの間、乗客は数名という状況で、留萌市内に入ってから、車中が10名前後になったという程度であった。

留萌市の資料を見ると、市内の高校生の大半は北海道留萌高等学校に通学しており、深川など市外への通学需要は2023年時点で3名のみとされている。

地方でもっとも大きな需要を占める通学需要も、市内を走る路線バスだけで十分事足《ことた》りている。これこそ留萌市が留萌本線の存続に熱心ではなかった理由の1つであり、留萌旭川線の路線バス維持の難しさでもある。

◉羽幌線、廃線から30年後の現在

羽幌線は留萌駅から宗谷本線の幌延駅まで141・7㎞の長大路線であり、国鉄分割民営化を2日後に控えた1987年3月30日に廃線となった。

その理由は北海道の他の路線と同じように、炭鉱の閉山、ニシンの漁獲量減少にともなう沿線経済縮小の影響を受けて人口が流出し、旅客、貨物ともに輸送量が減少。そして並行する国道232号、通称「オロロンライン」の整備により、クルマへの分担率が高まったためである。

現在この区間は沿岸バスの幌延留萌線が運行されており、所要時間は3時間半以上と、かなりの長大路線である。運行本数は留萌〜羽幌間が下り10本、上り10本、羽幌〜幌延間が下り8

本、上り９本と、留萌旭川線よりも多い。

また、運用されている車両が通常の路線バスタイプで、観光バスタイプの車両が運用されている留萌旭川線とは異なる。乗り心地は格段に落ちるが、路線バスタイプの車両が運用されていることが、逆にそれなりの需要があることを示しているともいえる。

留萌市の人口推移

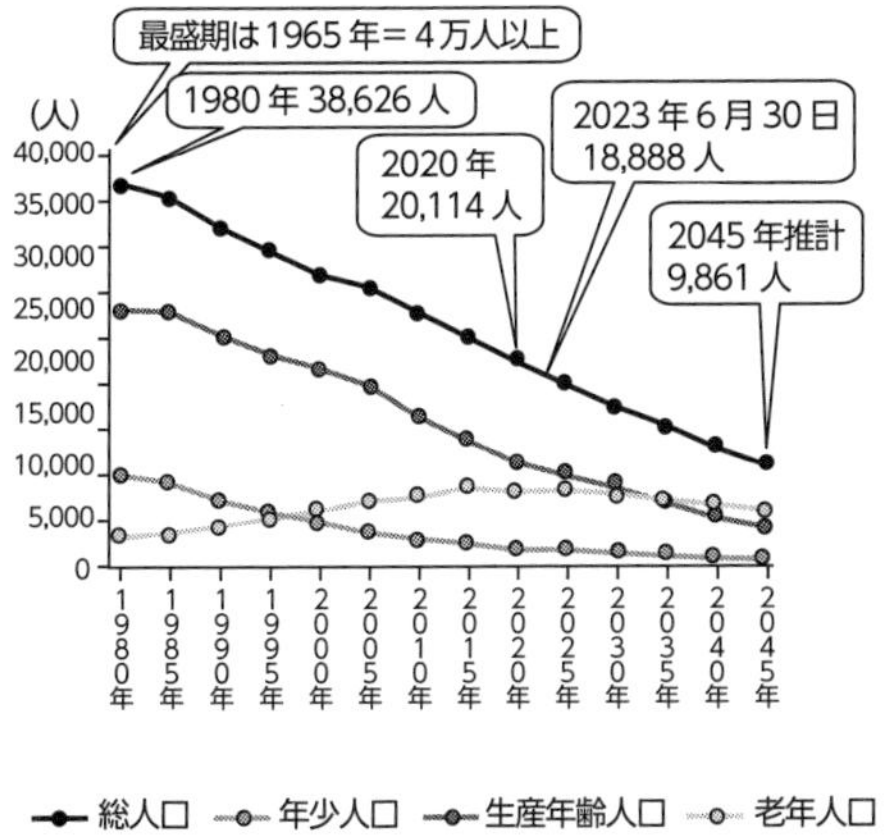

*2020年度政府統計国勢調査の数値を参考に作成

実際に乗車してみると、運行本数の多い留萌〜羽幌間は途中での乗車、下車が比較的あり、留萌旭川線のような極端な乗車状況ではない。ただ、留萌市内に近い場所のほうが乗客数は多く、この地域の拠点都市として、留萌が機能していることがわかる。しかしながら、その留萌市でも人口減少が大きな問題となっている。

上のグラフでは１９８０（昭和55）年の３万８６２６人が最高値になっているが、これ以前の１９６５（昭和40）年には４万人以上の人口があり、この頃が留萌市の最盛期であった。

２０２３年６月30日現在、留萌市の人口は２万人を切っており、すでに最盛期の半分以下となっている。そして、将来推計人口を見ると、2045年には1万人を割りこみ、その減少に歯止めはかからない。

留萌市の経済を見ると、人口減少と留萌市の抱える問題がより明確になる。かつて留萌を支えた水産業は、ニシン漁が1950年代にはすでに不振となっており、もう1つの主要産業だった炭鉱も1960年代から閉山が始まり、1970（昭和45）年までにほぼすべてが閉山となった。

それを補《おぎな》うべく、一時は日本でシェアトップを誇るほど、数の子やタラコといった水産加工業が発展し、重要港湾に指定された留萌港では木材などの貿易が盛んだった。

しかし、水産加工業は競争が激化し、木材加工業も不況となって、こうした産業は衰退。そして、留萌では新たな産業を育てられないまま、現在に至っている。

現在の留萌の産業構造を見ると非常にいびつであり、**留萌市の総従業員数の12%が公務員である**。産業別付加価値額を見ても、公務員は28・5%を占《し》めている。つまり、留萌市全体の稼ぎの28・5%が公務員によるもので、全国平均が5%ほどであることと比較すると、留萌市の経済は公務員に依存しているところが大きく、産業基盤は極めて脆弱《ぜいじゃく》である。

では、留萌市以外の旧羽幌線沿線の自治体はどうだろうか？　旧羽幌線に加え、比較対象として、地理的に近い宗谷本線と留萌本線のおもな自治体も加えた人口推移の一覧（上の表）を

旧羽幌線及び宗谷本線と留萌本線の沿線自治体人口推移

市町村名	1990年度	2000年度	2010年度	2020年度	減少率
留萌市	32,429	28,325	24,457	20,114	62%
小平町	5,334	4,566	3,717	2,994	56%
苫前町	5,251	4,645	3,656	2,936	56%
羽幌町	10,944	9,364	7,964	6,548	60%
初山別村	2,057	1,764	1,369	1,080	53%
遠別町	4,414	3,683	3,084	2,520	57%
天塩町	5,340	4,542	3,780	2,950	55%
幌延町	3,327	2,835	2,677	2,371	71%
沼田町	5,206	4,373	3,612	2,909	56%
深川市	30,671	27,579	23,709	20,039	65%
比布町	5,004	4,576	4,042	3,520	70%
和寒町	5,623	4,710	3,832	3,192	57%
剣淵町	4,703	4,158	3,565	2,926	62%
名寄市	37,194	33,328	30,591	27,782	73%

*2020年度政府統計国勢調査の数値を参考に作成

見ていただきたい。期間については、鉄道廃線の影響を考えるため、羽幌線廃止直後の1990（平成2）年度から2020（令和2）年度までとした。

留萌市から幌延町までが旧羽幌線沿線自治体となるが、留萌市以外でもっとも人口規模が大きな自治体である羽幌町でも人口約6500人であるため、かなり人口希薄である。

また、1990年と2020年の人口減少率を見ると、幌延町の71%を除き、いずれも50〜60%減となっている。ただ、幌延町は他の羽幌線沿線自治体と異なり、宗谷本線という鉄道路線が残っている。

では、鉄道と人口減少の相関関係はあるのだろうか？　それを考えるうえで、鉄道が残っている他の自治体として、表の沼田町以下名寄市までの人口推移に注目してほしい。

名寄市や比布町《ぴっぷちょう》では人口減少率が70％以上だが、一方で和寒町《わっさむちょう》や剣淵町《けんぶちちょう》、深川市、沼田町といったところでは、旧羽幌線沿線自治体の人口減少率とさほど変わらない。

これだけで鉄道の有無が人口減少率に影響を与えるかどうかを結論づけることはできないが、比布町は道内第二の都市旭川に近く、幌延町は酪農業と乳製品の製造業という産業があるという点において、他の自治体と状況が異なると考えられる。

廃線から30年以上経過した旧羽幌線の現状を見ても、鉄道路線の有無にかかわらず、基盤となる産業の有無が人口減少に大きく関係したと考えられる。

旧羽幌線沿線でもっとも大きな吸引力を持つ自治体となっている留萌市においても、前述のとおり、公務員依存といういびつな産業構造である限り、人口減少は避けられない。**人口減少を少しでも小さくするためには、何らかの基幹産業の構築が必要**と思われる。

その点を考えず、鉄道存続議論だけをしてもあまり意味がないと筆者は感じる次第だが、読者諸氏はいかがお考えだろうか？

3章

北陸新幹線の延伸で
泣いた都市、笑った都市

佐久平駅が新幹線開業で栄え、小諸駅が没落した理由を探る

佐久平駅《さくだいら》は1997（平成9）年の北陸新幹線の開業（開業当時は通称「長野新幹線」）によって、駅周辺の開発が進んだ成功例といわれている。

その一方、それまでこの地方の基幹駅であった小諸駅《こもろ》は首都圏との直通列車を失い、駅周辺の衰退が進んだ。この佐久平駅の成功の理由と小諸駅衰退の理由を考えてみたい。

◉佐久市と小諸市の複雑な関係とは

佐久平駅と小諸駅は小海線《こうみ》で結ばれており、間に5つ駅を挟んで、およそ7㎞離れている。北陸新幹線が開業するまでは、小諸駅が信越本線の主要駅としての役割を持ち、「あさま」「白山」といった優等列車が多数停車。小諸駅を擁《よう》する小諸市は、武田信玄が統治する戦国時代、江戸時代には小諸藩の城下町と、その歴史を振り返っても、この地方を代表する町だったといえる。

一方の佐久平駅は、新幹線開業にともない小諸線と交差する地点に新設された、佐久市内の駅である。佐久平駅ができるまでの佐久市の主要駅といえば、佐久平駅のお隣、岩村田駅《いわむらだ》だっ

た。岩村田は中山道《なかせんどう》の宿場町の1つであり、江戸時代には岩村田藩の藩庁が置かれていたが、小諸ほどその知名度は高くない。

明治に入り、鉄道の建設が進むと、中山道ルートを基本とした高崎から直江津《なおえつ》へのルート（信越本線→現・しなの鉄道など）が計画されたが、碓氷《うすい》峠を越え、距離が最短である小諸、上田、長野へのルートが採用された。中山道の宿場町だった岩村田は南に寄り過ぎていたこともあってルート上から外れ、この地方での存在感は小諸に大きく水をあけられることとなったわけだ。

その後、岩村田には小海線の前身となる佐久鉄道が建設されるも、それは地方ローカル線という位置付けに過ぎず、岩村田、現在の佐久市にとって首都圏直通の鉄道は悲願となった。

◉新幹線ルートが決定するまでの経緯

その後、佐久市に首都圏直通鉄道誘致のチャンスが到来した。北陸新幹線建設である。信越本線のルートから外れ、首都圏直通鉄道を熱望していた佐久市の新幹線誘致活動は、このときから始まった。

当初、検討されたのは信越本線に沿ったルートと、吾妻《あがつま》線の南側を抜ける鳥居《とりい》峠ルートである。鳥居峠ルートであれば、高崎と長野を直線的に結ぶことが可能だが、このルートは活火山である草津白根山の麓《ふもと》を通るというもので、建設はほぼ不可能として候補から外れた。

　そして、信越本線ルートが候補となったが、このルートは松井田《まついだ》駅あたりからトンネルに入ることが想定されており、**碓氷峠のずっと南側を抜け、軽井沢も通らないルート**だった。これは碓氷峠が66・7パーミルという急勾配であり、当時の新幹線の規格であった12パーミルの勾配を大きく超えるため、南側を迂回《うかい》して、勾配を緩和することが目的だった。

　このルートを想定し、軽井沢町、御代田町《みよたまち》、小諸市では「北陸新幹線新軽井沢設置対策議員連絡協議会」が結成され、当時の信越本線（現・しなの鉄道）の平原《ひらはら》駅に「新軽井沢駅」の建設を推進。これに対し、佐久市は「佐久市新幹線高速道早期実現期成会同盟」を結成して、対抗した。

　そのようななか1982（昭和57）年、北陸新幹線のルートが決定したが、事前に予想された南側ルートでも、軽井沢を通らないルートでもなく、**北側の安中榛名《あんなかはるな》駅を通り、軽井沢、そして佐久市内に駅が設置される**というものだった。

　この北側ルートは、当時の新幹線規格を超える30パーミル勾配となったが、技術の進歩でその勾配を克服できたこと、多くの観光客で賑わう軽井沢に駅を設置したいという国鉄の意向だったといわれている。

　こうして、ついに新幹線招致運動を進めてきた佐久市の努力が実を結ぶかと思われたが、同

鳥居峠ルート

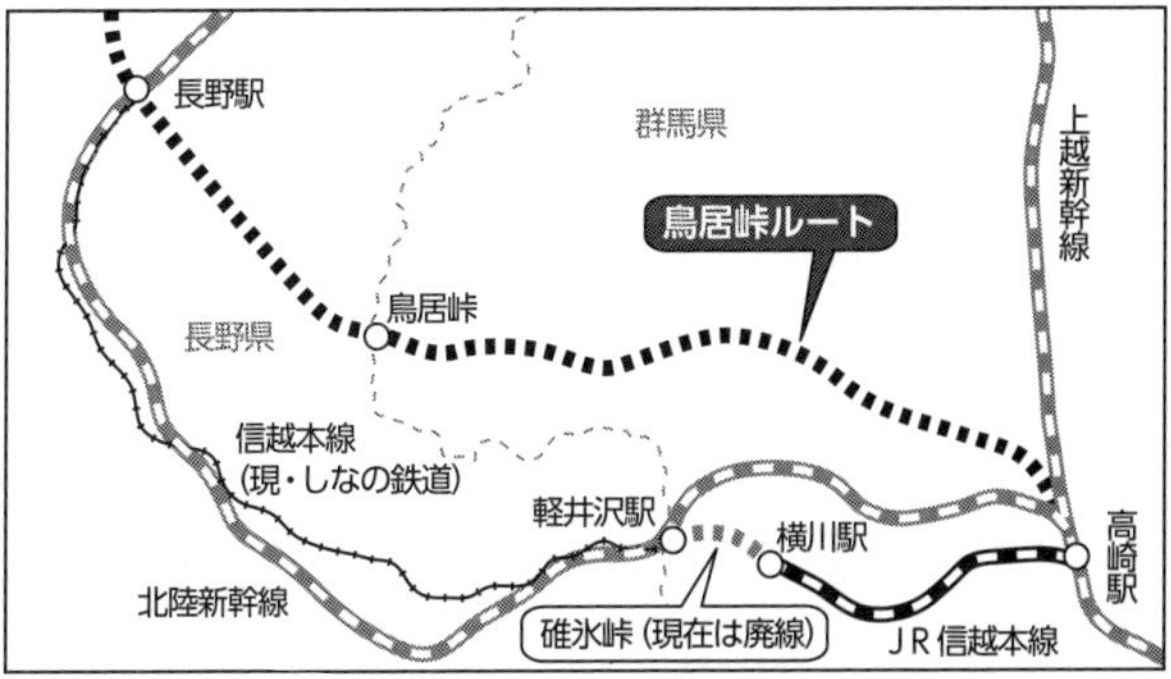

北陸新幹線の軽井沢駅周辺図

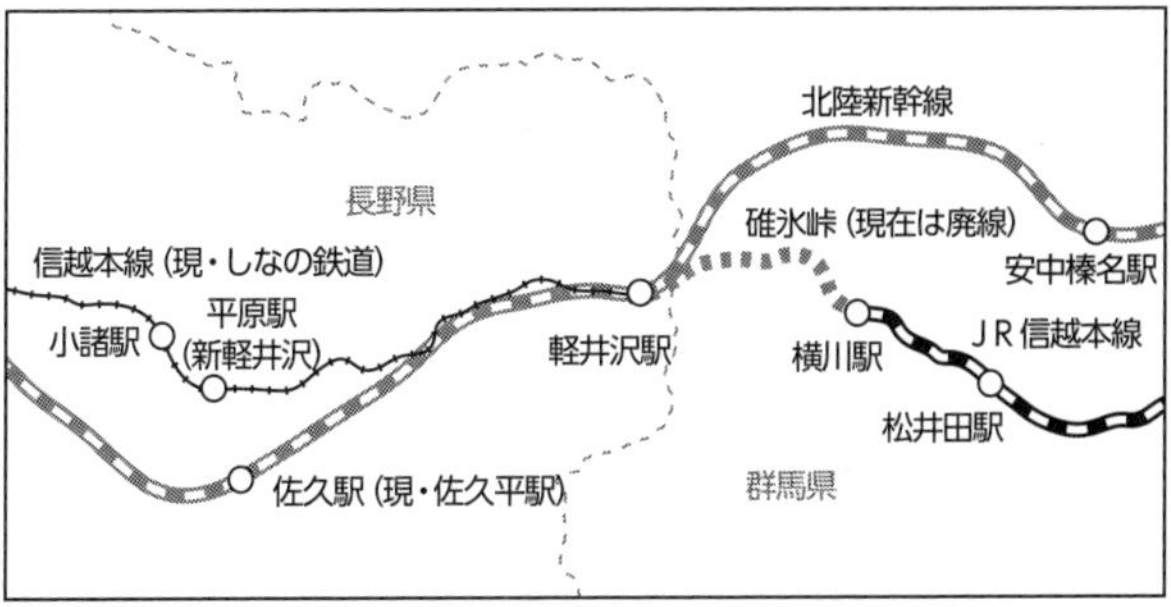

年、国鉄の経営悪化を理由に、整備新幹線の建設見合わせを閣議決定。佐久市の悲願達成には至らなかった。

1987（昭和62）年、北陸新幹線の建設凍結が解除されたものの、高崎から軽井沢の区間のフル規格建設が決定されたに過ぎず、運輸省（現・国土交通省）は軽井沢から長野の区間に関して、ミニ新幹線導入の検討を始めた。

これは、新幹線駅設置という悲願達成を目の前にしていた佐久市にとっては受け入れられないものだったが、新幹線駅建設の機会を失った小諸市にとっては、並行在来線分離を回避でき、さらに首都圏との直通列車を維持できるミニ新幹線は、考えられるなかで最高のシナリオとなった。

軽井沢〜長野間については、当時誘致運動中だった1998（平成10）年の長野五輪の動向を確認し、3年以内に結論を出すとして保留されたが、五輪開催決定にともない、長野駅までのフル規格新幹線は最重要事項となる。そして1990（平成2）年、軽井沢〜長野間の並行在来線分離を条件として、フル規格新幹線建設が決定された。

小諸市は並行在来線分離に猛反対したものの、1991（平成3）年にはそれを受け入れ、1997（平成9）年、北陸新幹線、当時は長野新幹線が開業に至ったのである。

◉駅名をめぐって両市のプライドが激突

こうして、新幹線駅を手に入れた佐久市は、長年の招致活動が身を結び、悲願達成となったわけだが、今度は駅名をめぐって、小諸市と佐久市のプライドがぶつかり合うことになる。

並行在来線も受け入れ、この地域を代表する町であった小諸市としては、いくら佐久市にできる駅とはいえ、小諸の名前を入れるべきだとして「佐久小諸」「小諸佐久」といった名前を主張。一方の佐久市では「佐久」を主張し、両者一歩も譲らない状態となった。その結果、長野県に調停を依頼し、この地域全体を指す「佐久平」という駅名にすることで決着した。これが、市名でもない「佐久平」という名前が駅名となった理由である。

余談にはなるが、小諸市と佐久市はのちの2009（平成21）年、中部横断道ジャンクションの名称決定においても対立し、佐久市は「佐久ジャンクション」、小諸市は「小諸佐久ジャンクション」を主張。最終的には「佐久小諸ジャンクション」になった。

◉佐久平駅と小諸駅の差は、残酷なまでに開いた

新幹線開業にともない、信越本線の軽井沢〜篠ノ井間《しののい》は第三セクターのしなの鉄道に経営移管され、小諸駅への優等列車は廃止され、ローカル輸送に特化したものとなった。一方、佐久平駅は新幹線停車駅として、この地方の首都圏への玄関口となり、両駅の立場は逆転した。

小諸駅周辺は大手門や小諸城址の懐古園《かいこえん》など見どころも多いのだが、駅周辺は昭和から時が止まったかのような佇《たたず》まいで、小諸駅周辺の地盤沈下を感じざるを得ない。一方の佐久平駅は周辺に真新しいマンションや戸建て住宅やイオンモールなどの商業施設も多い。

また、佐久市では**地元の企業、団体向けに駅前駐車場の割引、新規移住者に対する新幹線通勤補助**を行なっており、新幹線駅をフルに活用する施策をとっている。こうした施策が実を結びつつあり、佐久平駅周辺は住環境の整ったエリアとして高く評価されている。

それらは他のデータにも示されている。次ページからの表を見ていただきたい。

佐久市と小諸市の人口推移と将来人口推計

		1980年	1990年	2000年	2010年	2020年
佐久市	15歳未満	20,256	17,947	16,000	14,407	12,480
	15～64歳	58,299	60,485	61,443	60,019	54,115
	65歳以上	12,730	17,188	22,573	25,985	30,170
	合計	91,285	95,625	100,016	100,552	98,199
	高齢化率	13.95%	17.97%	22.57%	25.84%	30.72%
小諸市	15歳未満	9,760	8,566	7,060	5,857	4,731
	15～64歳	27,397	29,359	29,297	26,617	22,257
	65歳以上	5,198	6,963	9,623	11,506	13,773
	合計	42,355	44,888	46,158	43,997	40,991
	高齢化率	12.27%	15.51%	20.85%	26.15%	33.60%

	2030年	2035年	2040年	2045年	減少率
佐久市	93,173	90,540	87,538	84,090	86.01%
小諸市	36,987	34,881	32,624	30,326	74.62%

＊政府統計国勢調査の数値を参考に作成

佐久平駅と小諸駅の駅周辺人口

	半径	1995年	2000年	2010年	2020年
佐久平駅	0.5km	691	659	1,331	1,808
	1km	3,506	3,742	5,469	6,720
	2km	14,411	15,712	18,617	22,000
	3km	27,916	30,418	34,570	38,486
小諸駅	0.5km	2,427	2,063	1,796	1,624
	1km	8,219	7,298	6,269	5,570
	2km	19,002	18,062	16,621	15,183
	3km	26,966	26,249	24,195	21,945

佐久市も小諸市も近年は人口が減少傾向だが、佐久平駅周辺に限っては2020年まで増加している。佐久平駅周辺の商業施設、住環境の充実により人口が増えていることは何ら不思議ではなく、このエリアが佐久市を牽引しているといえる

＊政府統計国勢調査の数値を参考に作成

長野県の市町村別「商圏人口」

順位	市町村名	2021年	2018年		2015年	
		商圏人口	商圏人口	順位	商圏人口	順位
1	長野市(合併前)	635,498	615,485	1	634,172	1
2	松本市(合併前)	600,204	614,635	2	587,633	2
3	佐久市(合併前)	239,303	237,613	4	243,942	3
4	上田市(合併前)	238,638	287,121	3	242,035	4
5	伊那市(合併前)	196,320	195,537	5	179,539	6
6	諏訪市	192,064	192,259	6	217,895	5
7	飯田市(合併前)	167,145	168,909	7	176,788	7
8	旧穂高町(安曇野市)	148,195	153,393	8	109,398	11
9	岡谷市	132,510	134,575	10	70,769	13
10	茅野市	126,091	124,585	11	127,593	10
11	旧豊科町(安曇野市)	125,659	151,303	9	156,838	8
12	中野市(合併前)	117,219	107,822	13	135,608	9
13	塩尻市(合併前)	101,778	113,665	12	89,148	12
14	須坂市	66,484	66,674	14	68,624	15
15	旧更埴市(千曲市)	63,379	64,277	15	60,443	16
16	小諸市	62,200	55,957	17	49,086	20

商圏人口は各市町村内の商業施設が周囲の市町村に対して持つ
影響力を測る指標。各自治体の人口を上回れば、それだけ周囲の
市町村に対して影響力をもっているといえる

＊長野県商圏調査報告書(令和3年度版)を参考に作成

長野県の市町村別「地元滞留率」

順位	市町村名	2021年	2018年		2015年	
		地元滞留率	地元滞留率	順位	地元滞留率	順位
1	長野市(合併前)	89.8	91.2	1	93.2	1
2	飯田市(合併前)	89.2	88.1	5	90.1	4
3	松本市(合併前)	87.5	90.5	2	90.2	3
4	上田市(合併前)	86.7	89.1	3	91.5	2
5	佐久市(合併前)	84.1	88.5	4	87.1	5
6	伊那市(合併前)	81.1	81.2	6	85.7	6
7	岡谷市	66.1	71.5	7	55	13
8	中野市(合併前)	64.3	68.2	9	65.7	8
9	諏訪市	61.9	70.6	8	76.1	7
10	駒ケ根市	60.7	64	10	64.9	9
11	旧穂高町(安曇野市)	52.5	54.6	13	55.7	12
12	大町市(合併前)	52	50.1	16	51.2	15
13	茅野市	51.6	55.1	12	59.5	11
14	旧豊科町(安曇野市)	51	50.4	15	59.7	10
15	旧更埴市(千曲市)	48.6	45.4	19	49.2	18
16	飯山市	47.4	55.2	11	50.9	17
17	箕輪町	46.9	51.1	14	51	16
18	塩尻市(合併前)	45.1	49.4	17	53.8	14
19	須坂市	42.2	45.4	18	46.7	19
20	小諸市	39.8	38.6	20	34.7	21

＊長野県商圏調査報告書(令和3年度版)を参考に作成

長野県の市町村別「吸引係数」

順位	市町村名	2021年	2018年		2015 年	
		吸引力係数	吸引力係数	順位	吸引力係数	順位
1	佐久市(合併前)	187.4	200.7	1	213.2	1
2	伊那市(合併前)	144.7	145.2	3	142.7	3
3	松本市(合併前)	140.3	142.1	4	140.7	4
4	上田市(合併前)	137.5	145.4	2	145.8	2
5	飯田市(合併前)	131.7	133.4	5	137.1	6
6	旧豊科町(安曇野市)	119.1	124.5	7	127.3	8
7	長野市(合併前)	117.4	119.9	9	124.3	9
8	中野市(合併前)	115.5	122.4	8	129.9	7
9	諏訪市	113	125.7	6	140	5
10	岡谷市	107.2	100.1	11	65.4	17
11	旧穂高町(安曇野市)	99.4	103.3	10	107.4	10
12	駒ケ根市	87	94.9	12	93.1	11
13	茅野市	71.9	67.7	15	78	13
14	飯山市	68.4	81	13	78.5	12
15	旧更埴市(千曲市)	66.5	64.4	17	71.3	15
16	高森町	65.8	61.3	19	56.8	20
17	大町市(合併前)	65	64.2	18	67.5	16
18	箕輪町	63.6	76.3	14	72	14
19	山形村	53.8	65.7	16	59.4	19
20	塩尻市(合併前)	53.3	59.1	20	60.8	18
21	旧木曽福島町(木曽町)	52.3	38.1	26	52.7	22
22	須坂市	50.3	53.5	21	56.2	21
23	小諸市	47.8	41.6	24	38	30

参考：1997年の数値は佐久市が146.2、小諸市は121.5。その後、佐久市は拡大し、小諸市は大幅に減少していることがわかる

*長野県商圏調査報告書(令和3年度版)を参考に作成

両市の人口はともに減少しているが、小諸市が2000（平成12）年をピークに減少に転じているのに対し、佐久市は2010（平成22）年が人口のピークとなっており、小諸市に比べて10年の猶予《ゆうよ》を得ていることがわかる。

高齢化率でも佐久市は小諸市より良好な数値であり、将来推計人口でも、佐久市の減少率は小諸市よりも緩《ゆる》やかである。

さらに駅周辺の人口を見ると佐久平駅は2020（令和2）年まで人口が増えており、佐久平駅周辺地域がこの地方を牽引《けんいん》していることがわかる。

商圏人口では、佐久市は人口の倍以上の商圏人口を持ち、地元滞留《たいりゅう》率では佐久市が県内5位、吸引係数（地元滞留率と流入人口

を合わせたもの。数値が高いほど、他の地域への流出が少なく、他の地域からの流入が多い）では、佐久市は県内でダントツのトップと、さまざまな経済指標で長野県内の上位に位置しており、一方の小諸市は低迷している。

新幹線の駅ができたからといって、町の発展が約束されたわけではなく、佐久平駅の成功は数少ない例の1つである。そこには佐久市の鉄道にかける熱意、開業後の新幹線駅をいかに活かしていくかという明確なビジョンがあったと筆者は考えるが、いかがだろうか？

新幹線で観光客を呼びこんだ金沢駅。その踏襲が他の駅では難しい理由

2015（平成17）年に金沢まで北陸新幹線が延伸され、金沢は観光業の成長や地域経済の活性化など新幹線開業効果が大きかったといわれているが、その成功はどの程度のものだったのか？　2024（平成6）年春に敦賀《つるが》駅まで延伸する北陸新幹線が金沢にもたらした影響について考えてみよう。

◉新幹線の延伸で、首都圏からのアクセスが劇的に向上

北陸新幹線の開業により、東京から金沢までの所要時間がそれまでの上越新幹線と特急「は

くたか」乗り継ぎの最短3時間47分から2時間28分に、長野から金沢への所要時間は3時間24分から1時間5分にそれぞれ大幅に短縮された。新幹線の既存区間と新たに建設された部分の輸送密度は2倍以上に増加し、2015年の金沢延伸の影響が具体的に示されたわけだ。

また、北陸新幹線の開業は航空需要に大きな影響を与えた。羽田から小松へのフライトは所要時間1時間5分であるものの、東京駅と金沢駅を起点として考えた場合、チェックインなどのロスタイムを含めると所要時間は3時間程度かかり、バスなどへの乗り換えが多く不便であることから、北陸新幹線に完敗。

その結果、2014（平成26）年から2015年にかけて小松空港の年間旅客数が約62万人減少し、北陸新幹線の利用者数はJRの予想を大きく上回る約300％の伸びを示した。首都圏から石川県への地域間流動も1・5倍に増加し、長野県からの流動は5倍に増加。**北陸新幹線は航空需要を奪い、さらに100万人以上の地域間流動を上乗せ**したのだ。

◉金沢市のみならず、県全体にも好影響をもたらす

北陸新幹線延伸により、金沢市と石川県の観光業に顕著な影響が見られた。石川県全体の観光客入込《いりこみ》数は新幹線開業にともない約16％伸び、コロナ禍以前、2019（平成31／令和元）年まで年間約2400万から2500万を維持していた。金沢市の伸び率は約19％で、県全体よ

りもわずかに高く、新幹線発着駅としての影響が示された。

金沢市への宿泊者の方面別延べ数では、２０１５年以降、関東4都県からの数字が増加し、関西圏からは減少傾向にある。新幹線開業前の２０１４年度、そして開業後、２０１５年度の方面別ベスト10ランキングを見てみよう（次ページ表参照）。

２０１４年から２０１５年にかけて、首都圏からの観光客の金沢市への宿泊者数に著《いちじる》しい増加が見られる。東京都が対前年比１７３％、神奈川県が１７５％と増加し、埼玉県や千葉県も２００％以上の伸びを示しただけではなく、茨城県と群馬県も圏外からベスト10に入り、北陸新幹線開業による首都圏との結びつきが強まった。

一方で、大阪府と愛知県がそれぞれ対前年比85％、82％の減少となり、順位を落とした。兵庫県は、順位こそ同じだったものの対前年比88％と数値を落とし、京都府は76％でランクダウン。関西・中京圏からの流動は軒並《のきな》み減少したが、首都圏からの増加分が大きく上回ったため、金沢市への宿泊者総数の２０１５年度の合計は、２０１４年度の２５９万８３９７人から３４７万９８３６人へと大幅に増加した。

観光以外にも企業の事務所新設が進み、オフィススペースの賃料が上昇。新幹線開業前は10％以上だった空室率も２０１５年に10％を切り、新幹線開業は金沢市の経済を活性化させた。

また、北陸新幹線の開業によって金沢駅周辺の整備が進み、新たな中心地へと成長するなど、

2014年度の金沢市への宿泊者延べ数都道府県別ランキング

順位	都道府県	延べ人数	割合
1	東京都	505,374	19.45%
2	神奈川県	266,148	10.24%
3	大阪府	220,004	8.47%
4	愛知県	182,480	7.02%
5	埼玉県	168,936	6.50%
6	千葉県	131,734	5.07%
7	兵庫県	122,293	4.71%
8	京都府	102,405	3.94%
9	石川県	102,252	3.94%
10	北海道	70,702	2.72%

2015年度の金沢市への宿泊者延べ数都道府県別ランキング

順位	都道府県	延べ人数	割合	対前年比
1	東京都	873,548	25.10%	173%
2	神奈川県	466,556	13.41%	175%
3	埼玉県	366,229	10.52%	217%
4	千葉県	267,641	7.69%	203%
5	大阪府	185,324	5.33%	85%
6	愛知県	149,822	4.31%	82%
7	兵庫県	107,077	3.08%	88%
8	茨城県	91,129	2.62%	—
9	京都府	78,242	2.25%	76%
10	群馬県	74,696	2.15%	—

＊金沢市「金沢市観光調査結果報告書」を参考に作成

金沢市内の勢力分布にも影響を与えた。北陸新幹線開業前後のデータを見ると、**金沢駅周辺ではほぼすべての指標が増加しており、とくに宿泊・飲食サービスは大きな伸びを示している。**

一方で、既存の中心地であった香林坊《こうりんぼう》・片町地区では宿泊・飲食の事業所数以外は減少傾向にあり、金沢駅周辺の整備が進むなかで、古くからの繁華街のシェアを奪う動きが見られる。

このように、地域によって多少の温度差はあるものの、総じて、北陸新幹線開業は観光を中心に、金沢市および石川県全体によい影響をもたらしたといえる。

◉金沢と同じ成功パターンが見込める都市はある？

まず、金沢が成功した理由を整理しよう。

1つめに、金沢は首都圏と関西圏の中間に位置しながらも、首都圏とのアクセスに難があった点だ。

金沢は在来線特急の「サンダーバード」「しらさぎ」により、関西圏、中京圏との結びつきが強く、アクセスも確立していたが、首都圏とは越後湯沢での乗り換えが必要だった。それを北陸新幹線開業が解決。アクセスが劇的に改善され、時間的・心理的に近づけたわけだ。

2つめに金沢は福井、石川、富山の北陸三県を代表する都市であり、もともと一定のビジネス需要が見込まれていた点だ。新幹線開業後、オフィススペースの賃料が上昇し、新しいオフィスビルが建設されるなど、その開業効果は明らかである。

3つめに観光都市としても好感度が高く、「加賀百万石」の城下町や伝統工芸品などがあり、和倉温泉に代表される温泉地、さらに日本海の魚介類と、観光地としての人気はもともと非常に高かった。ただ、最大の市場である首都圏とのアクセスに難があったため、その需要を引き出すことができなかったわけで、北陸新幹線がそのポテンシャルをフルに引き出したのだ。

そして4つめに、富山県や岐阜県といった周辺の観光地との相乗効果だ。金沢からアクセス可能な観光地として、能登半島、立山黒部アルペンルート、高山、白川郷《しらかわごう》など、金沢と組み合わせるのに最適な観光地が周辺に多い。

これらはアジア圏からの訪日外国人に人気の高い観光ルートにも組みこまれ、北陸新幹線金沢駅開業前後からのインバウンド需要拡大との時期にも重なり、石川県全体がその恩恵を享受した。

このように、金沢が成功した要因は特有のものであり、**他の都市で新幹線開業による同様の成功を再現するのは難しい**。強《し》いていえば、北海道新幹線開業による札幌が考えられるが、札幌はすでに知名度が高く、新幹線開業によって旅行者数が増加する可能性こそあるが、羽田から新千歳へは多くのフライトが運航されており、最大市場である首都圏からの需要を底上げする余地は限られている。

また、ビジネス面でもすでに多くの企業が札幌に支店を持ち、新規進出もあまり多くは期待できない点も金沢と異なる。

◉敦賀への延伸が金沢に与える影響とは

現在、大阪、京都、名古屋から福井や金沢へは、特急「サンダーバード」、特急「しらさぎ」が運行されており、ダイレクトにアクセスすることが可能だが、2024年3月の北陸新幹線敦賀開業により、敦賀駅での乗り換えが必要となる。

敦賀駅では新幹線ホーム直下に在来線特急が発着する専用ホームが設けられ、乗り継ぎのデメリットは最小限に止《とど》められるが、やはり乗り換えの不便さは否《いな》めず、**関西圏、中京圏からの心理的な距離は広がってしまう**だろう。

小松、加賀温泉など石川県の金沢以西、福井県内の各駅に関しては首都圏からの流動が増加する一方、関西圏、中京圏からの流動がやや減少する可能性もある。これは金沢延伸時にも見られたことだが、金沢延伸時には関西圏、中京圏からの減少分以上に、首都圏からの流動が増加し、全体ではプラスに転じた。しかし、今回の敦賀延伸で金沢ほどの経済効果が得られるかは微妙なところである。

やはり、金沢や福井にとっては関西圏との結びつきも重要であり、北陸新幹線の新大阪延伸により、首都圏と関西圏双方との高速鉄道網の早期完成が望まれる。石川県や福井県の知事が北陸新幹線の新大阪延伸工事の停滞に懸念《けねん》を示すのはもっともなことであり、その事業化が待たれるところだ。

新幹線駅なのに、上越妙高駅の存在感がいまひとつのわけ

信越本線のローカル駅に過ぎなかった脇野田《わきのだ》駅は、２０１５（平成27）年３月の北陸新幹線開業とともに上越妙高駅と改称された。

一方、信越本線と北陸本線の分岐点であり、この地域の交通の要衝《ようしょう》だった直江津駅は、特急「はくたか」など、首都圏や金沢など北陸の各都市を結ぶ多くの特急列車が停車していたが、それらの大半は廃止され、その役割は上越妙高駅へと移った。直江津駅は新幹線駅の犠牲になったともいえるのに、上越妙高駅の存在感は薄い。なぜ、こんなことになったのだろうか？

◉かつての交通の要衝・直江津駅との微妙な位置関係

上越妙高駅と直江津駅は南高田駅、高田駅、春日山《かすがやま》駅という3つの駅を挟んだ位置関係にあり、ともに上越市内に位置しているのだが、この微妙な位置関係が上越妙高駅の存在を中途半

端なものにしている。

上越市の中心地は古くからの城下町である高田と、鉄道の要衝でもあり、港町としての歴史を持つ直江津である。かつては高田市と直江津市という別々の自治体だったが、1971（昭和46）年に高田市と直江津市が合併し、上越市となった。さらにお互いのメンツを立てるために、市役所は中間地点の春日山に置かれたのだが、これにより、経済は高田と直江津、行政は春日山と都市機能が分散してしまった。

そして、北陸新幹線建設により、上越市に駅が設置されることとなったが、その設置場所は高田駅や直江津駅ではなく、上越市のもっとも南側に位置する当時の脇野田駅だった。長野から富山、金沢方面へのルートを考えると、これ以上北に駅を設置すると、曲線がきつくなり過ぎることが理由とされたのだが、これにより、**上越市は高田、直江津、春日山に加え、上越妙高という新たな交通の要衝を抱える**こととなり、都市機能分散に拍車がかかることとなった。

そして、上越妙高駅を語るうえで、駅名問題にも触れておかなくてはいけないのだが、そもそも上越市という名前自体、高田と直江津双方がお互いの市名を譲らず、妥協案としてつけられたものである。

上越と聞くと、鉄道ファン諸氏には上越新幹線や上越線を思い起こされるだろう。しかし、上越市における上越とは、新潟県のかつての国名である越後を、京都に近いほうから上越、中越、下越の3つの地域に分けたことによるもので、現在の糸魚川市から上越市にかけてが、かつての上越地方にあたる。

一方で、上越新幹線や上越線の「上越」は群馬県の旧国名上野《こうづけ》、上州や上毛の「上」、そして新潟の旧国名である越後の「越」を合わせた造語であり、同じ「上越」でもその意味はまったく異なる。

そして、北陸新幹線の駅名を決定するにあたり、全国からの公募などにより、1位上越駅、2位妙高高田駅、そして3位上越妙高駅の3案に絞りこまれた。

駅が実際に設置される上越市としては、上越駅としたいが、上越新幹線のイメージが重複してしまうことが懸念された。隣接する妙高市としては、妙高の名前を入れたい。しかも駅の設置場所は上越市内とはいえ、妙高市との境界線からわずか数㎞である。そして、妙高高田では旧直江津市の反感を買う恐れがある。

それぞれの思惑が交錯するなか、JR東日本は上越妙高駅を正式な駅名として決定。上越は駅所在地の市名であり、妙高は知名度の高い観光地で、かつ隣接している市名として、上越妙高に落ち着いた。さすがに、上越駅としてしまうと、上越新幹線との混同の恐れがあるとして、JR東日本は採用しづらかったのではないだろうか。

◉上越市の都市機能の分散が新幹線駅にも影響

このように紆余曲折《うよきょくせつ》の結果誕生した上越妙高駅だが、いまひとつ新幹線の効果をつかみきれていないのが現実だ。

現在の上越妙高駅の周囲には大手ビジネスホテルが進出し、飲食店などもあり、開業当時から開発が進んでいる様子がうかがえる。実際、上越妙高駅の新幹線の1日平均乗車人員を見てみると、コロナ禍以前の2018（平成30）年までは着実に乗車人員を増やしてきたことがわかる。

ただ、**上越妙高駅の役割は出張ビジネスマンの宿泊場所というイメージは否めず**、いまだに町の中心地は高田、春日山、直江津であることに変わりはない。

新大阪駅や新横浜駅といった大都市近郊にできた駅ですら、現在の姿になるのに長い年月を要しており、県庁所在地の新青森駅でも、まだまだ発展途上であることを考えると、開業10年も経《た》たない現在で、上越市にそこまで求めるのは酷《こく》かもしれない。

しかし、上越市のデータを見ると、さまざまな問題点が浮き上がってくる。

上越妙高駅の新幹線1日平均乗車人員

年	1日平均乗車人員
2015(平成27)年	2,086
2016(平成28)年	2,123
2017(平成29)年	2,171
2018(平成30)年	2,238
2019(平成31／令和元)年	2,111

＊東日本旅客鉄道各駅乗車人員を参考に作成

上越市の人口推移

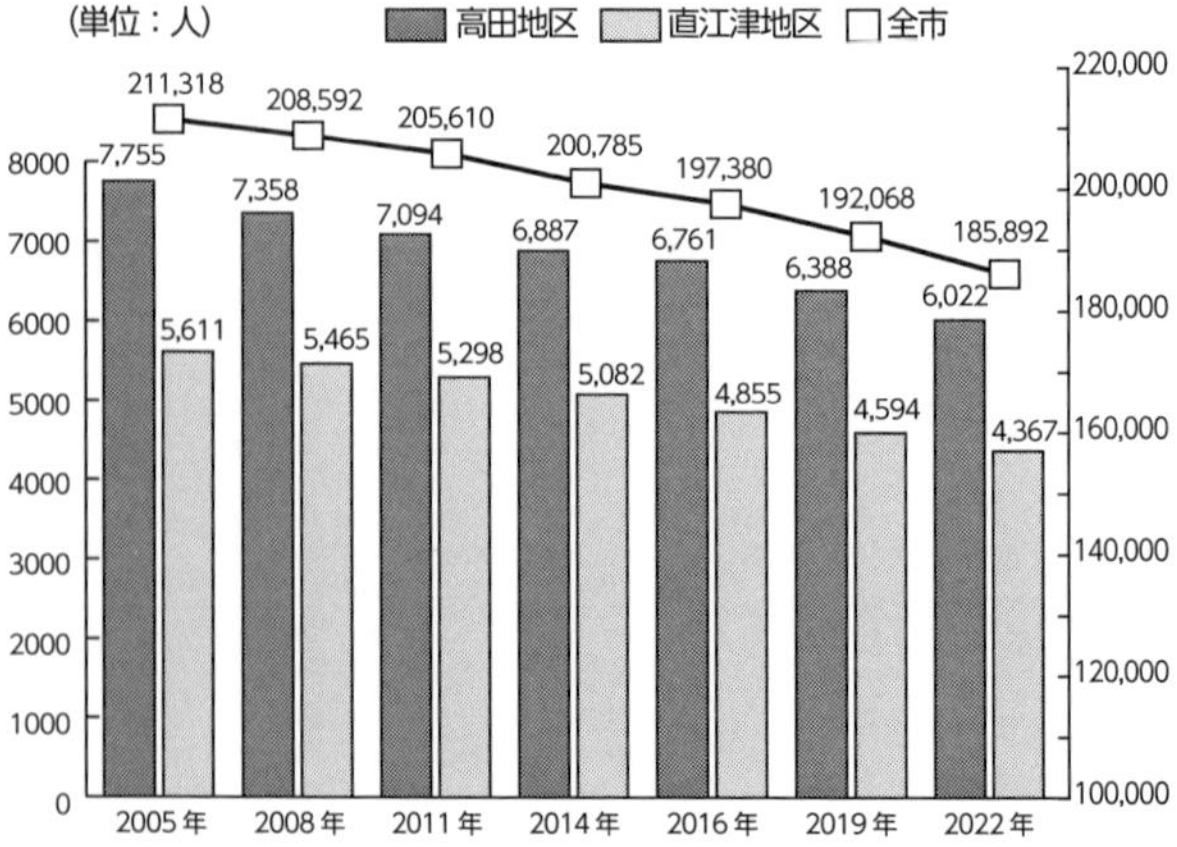

＊各年3月末時点。上越市第3期中心市街地活性化プログラムより抜粋

上の表は上越市が２０２０（令和２）年に策定し、２０２２（令和４）年に改訂した、第3期中心市街地活性化プログラム内にある人口推移だが、注目したいのは高田、直江津といった市街地での人口減少である。

２００５（平成17）年に上越市全体で21万人を超えていた人口が２０２２年には18万６０００人弱にまで落ちこんでおり、この期間での減少率は87％。

一方、高田、直江津では、それぞれ７７５５人から６０２２人、５６１１人から４３６７人に減少しており、その減少率は高田地区が約78％、直江津地区が約79％。上越市全体の87％を大きく下回っており、**上越市を牽引《けんいん》すべき中心市街地での減少が大きい**わけだ。

これらのデータが示しているのは、郊外での大型店舗の進出などにより、人口が郊外へと移っていった結果であって、都市機能が分散したことに加え、その市街中心地も賑わいを失いつつあることが浮き彫りとなった。

また、上越市の経済指標もあまり芳《かんば》しいものとはいえない。上越市は２００５年に周辺の13町村を合併し、市の面積は佐渡島を超えるほどに拡大したため、他の市町村からの通勤・通学の流入がなくなり、周辺地域との交流人口が頭打ちになっている。

さらに、上越市内の事業所数は、２００９（平成21）年が1万９９４、２０１４（平成26）年が1万１７３、そして２０１９（平成31／令和元）年が1万85と微減傾向にある。とくに北陸新幹線開業前の２０１４年から開業後の２０１９年で減少傾向にあり、新幹線開業効果が見られない。

上越市の事業所数推移

調査年	事業所数
1981年度	12,008
1986年度	12,415
1991年度	12,344
1996年度	12,485
2001年度	11,911
2006年度	11,011
2009年度	10,994
2014年度	10,173
2019年度	10,085

*2009年までは事業所・企業統計調査結果、2009年以降は経済センサス–基礎調査結果より

他の市町村からの流入もなく、市内の人口も減少しているため、地域経済は縮小傾向に陥ってしまい、そうなると期待したいのは観光客の誘致であるが、これも厳しい状況である。上越市が公表しているデータを参照すると、新幹線開業の翌年、２０１６（平成28）年の年間入込数が５５１万９９７２人。

その翌年の２０１７（平成29）年には４９３万８５３

上越市昼夜間人口比率

調査年	総人口	昼間人口	昼夜間人口比率
1980年度	216,320	218,897	101.19%
1985年度	210,348	217,204	100.40%
1990年度	212,248	212,887	100.30%
1995年度	212,060	212,614	100.26%
2000年度	211,870	211,948	100.04%
2005年度	208,082	207,150	99.55%
2010年度	203,899	204,356	100.22%
2015年度	196,987	197,284	100.15%

北陸新幹線開業後、2019年度には減少しており、新幹線の効果が表れているとはいえない

＊政府統計国勢調査の数値を参考に作成

９人と、10％以上の落ちこみを見せ、コロナ禍前の２０１９年は５３９万８０３３人まで回復したが、いまだ２０１６年がピークとなっている。

宿泊者数を見ると、２０１７年度に67万９８４人とピークに達して以降、減少傾向にあり、地元への経済効果が縮小している。

そうなると復活しつつあるインバウンドに目を向けたくなるのだが、外国人宿泊数はコロナ禍前の２０１９年度には４６６６人泊と過去最高を記録しているが、上越市全体で53万４０４２人泊に対し、その割合は１％にも満たない。

首都圏から新幹線１本でアクセス可能というのは、インバウンドの集客にとって非常に大きなアドバンテージだが、残念ながら、それを活かしきれているとはいえない数値である。

このように、上越妙高駅は都市機能の分散によって都市計画のネックになっており、**地域にもたらした北陸新幹線開業効果は限定的**といえる。

上越市の状況を考えると、上越妙高、高田、春日山、直江津を結ぶえちごトキめき鉄道を基軸とした沿線の活性化、都市機能の再構築とコンパクトシティ化は一層の推進が求められるだろう。位置的に飯山《いいやま》や長野など、信州の観光地との連携を視野に、妙高の山岳、高原地帯、高田の城下町、直江津の港町と観光素材をいかに活かしていくかも今後の課題となるだろう。

新高岡駅の発展で高岡駅が地盤沈下。第三セクター継承で問題は解決するか？

富山県第2の都市である高岡市には、旧来の街の玄関口である高岡駅と、北陸新幹線開業時に建設された新高岡駅があるが、2つの玄関口があることで都市機能が分散し、まちづくりの阻害となっている。その原因と今後の課題解決に向けた動きについて考察したい。

◉高岡市における鉄道の役割とは

高岡市は前田利長による高岡城の築城から城下町として発展し、その後は商工業の町として、高岡銅器や高岡漆器《しっき》といった伝統工芸を生み出した。明治以降も伏木《ふしき》港の発展とともに重化学工業や木材・紙・パルプ産業が形成され、戦後はアルミ産業が発展し、一大産地となった。高岡市は1889（明治22）年4月に日本で初めて市制が施行された都市の1つであることからも、日本を代表する主要都市であったことに疑いの余地はない。

その高岡市における鉄道の始まりは、城端《じょうはな》線・氷見《ひみ》線・貨物線の新湊《しんみなと》線の前身にあたる中越鉄道が内陸の農産物などを伏木港へと輸送する路線として、１８９８（明治31）年に開業したときであり、同時に高岡駅が開設された。

その後、高岡市は高岡駅を中心に市街地が拡大し、とくに城下町であった高岡駅の北側が中心街となった。しかし、町の発展にともない、**高岡駅の存在が町の南北の流動の妨《さまた》げとなり、その分断が問題として認識される**ようになった。

そして、２０１５（平成27）年3月に北陸新幹線金沢延伸とともに新高岡駅が開業すると、北陸本線で運行されていた在来線特急はすべて廃止され、長距離列車の玄関口としての役割は新高岡駅へと移行した。

旧北陸本線の富山県内の区間は第三セクター鉄道の「あいの風とやま鉄道」が継承し、高岡駅の役割は地域輸送を主体としたものになった。高岡駅の重要性は低下し、駅周辺も衰退。その一方で新高岡駅周辺はイオンモール高岡の開業などにより発展した。

◉なぜ、高岡駅に新幹線駅を建設できなかったのか？

北陸新幹線の当初計画では富山駅から金沢駅までの全区間がフル規格で建設される予定だっ

たが、1988（昭和63）年に建設費削減のため、富山～高岡間は在来線とし、高岡～金沢間は在来線特急が高速で運行可能な高規格路線、通称「スーパー特急方式」で建設することに変更された。

これは、フル規格新幹線を期待していた地元の希望に沿うものではなく、さらに運行主体となるJR西日本は高岡駅から津幡《つばた》駅の区間において並行在来線として分離を求めた。

富山県の沿線自治体はこれに反対し、富山県知事は妥協案として高規格路線を石川県内に限った石動《いするぎ》駅から金沢駅の区間とする新規ルートで建設する提案を運輸省（現・国土交通省）に提出。運輸省はこの提案を受け入れ、結果として高岡駅から石動駅までの区間が在来線、石動駅から金沢駅の区間のみが新規にスーパー特急方式で建設されることとなった。

その後、状況が変わり、2000（平成12）年に北陸新幹線の長野～富山間、2004（平成16）年、富山～金沢駅間でのフル規格建設が決定された。フル規格新幹線決定にあたっては、すでに建設されていた石動駅から金沢駅の高規格路線を流用することとなり、無理なくその路線につなげるため、ルートは高岡駅の南側を通り、新高岡駅が建設されることとなった。

高岡市は最後まで高岡駅への新幹線駅建設を要望していたが、用地確保が難しいなどの理由で、その要望がかなうことはなく、新幹線駅は新高岡となった。

◉高岡駅の立体交差化計画が実現していれば…

高岡市が高岡駅に新幹線駅を建設する計画を断念したのは1999（平成11）年。翌2000年に高岡駅の橋上駅舎化が決定され、連続立体交差化計画が中止された。前述のとおり、高岡駅の南北分断が問題とされ、新幹線建設を機に立体交差事業が検討されていたわけだ。

もし、新幹線駅が高岡駅に建設されれば、高岡駅も富山駅のような高架駅として再整備されたと考えられるが、新幹線駅は新高岡駅に建設されることとなり、より安価で建設期間も短い橋上駅舎が採用されるに至った。

そして、2011（平成23）年、橋上駅舎と駅の南北を結ぶ自由通路「万葉ロード」が完成し、駅の南北移動の利便性が向上した。

しかし、北陸新幹線開業後、新高岡の北側に新しい市街地が拡大、南側では北陸新幹線開業より10年以上先立つ2002（平成14）年にイオンモール高岡が開業し、新高岡駅周辺の発展に大いに寄与した。イオンモール高岡の進出はもともと新高岡駅周辺の整備計画の中心として、高岡市が出店を許可した経緯がある。

このイオンモールは富山県内で最大のショッピングセンターとして知られ、全国のイオンモールでも14番目に大きな規模を持つものであり、想定どおり、高岡市や周辺地域に非常に大きな影響を与え、いまや高岡市内でもっとも地価が高いのは新高岡駅周辺となった。その一方で高岡駅北側に広がる既存の中心街はその影響を大きく受け、空き店舗が目立つ、いわゆる「シャッター通り」と化している。

そして、駅の北側から発展する新高岡駅周辺の南側へは、徒歩でしか南北の行き来ができない自由通路では対応できず、氷見線や万葉《まんよう》線も高岡駅の南側へアクセスすることはできない。結局、一部のバスを除き、高岡駅での乗り換えが必要となり、橋上駅舎と自由通路では根本的な南北分断の解決ができないことが明らかとなった。

この状況に対処するため、直通運転を視野に入れた氷見線と城端線のＬＲＴ化計画が提案されたが、こちらも費用の問題から断念となった。

「もしも」の話になるが、高岡駅の立体交差事業が実現できていれば、高架下を通り、万葉線の新高岡駅への延伸や、氷見線のＬＲＴ化、直通運転も現実的なものとなっただろう。しかし、**いまから高岡駅を高架化するには莫大《ばくだい》な費用がかかり、現実的なものとはいえない**。フル規格新幹線の駅が新高岡駅となった時点で高岡駅の立体交差事業は断念されており、まさに「覆水《ふくすい》盆に返らず」といったところだ。

◉それでも諦めない富山県と沿線自治体

このような状況のなか、富山県と高岡市、氷見市、砺波《となみ》市、南砺《なんと》市の沿線自治体が赤字を補《ほ》塡《てん》することを条件に、氷見線と城端線を、あいの風とやま鉄道へ移管させることで合意した。JR西日本任せにせず、自治体が主体的に鉄道の利便性向上に努め、維持していくという強い決意の表れである。

これは北陸新幹線開業により、ほかの路線と接続しない「飛び地路線」の整理を考えていたJR西日本にとっても「渡りに船」といったところで、大いに尽力を惜しまない意向を示している。

また、氷見線・城端線の直通運転についてもJR西日本の技術的なサポートのもと、引き続き実現に向けて検討が続けられる。貨物列車も運行される旧北陸本線を横断するにはダイヤ上の制約もあり、高頻度の運転は難しいかもしれないが、旧北陸本線、氷見線、城端線をあいの風とやま鉄道が一体的に運行することで、沿線住民にとってはより使いやすい路線となることは間違いない。

富山県と沿線自治体による新しい鉄道の活用方法がどのようなものになるのか。今後の展開に大いに期待したい。

4章

新幹線は沿線自治体に恵みをもたらす存在か？

新幹線駅開業で進化したはずの長崎駅が、かえって不便になった事情

西九州新幹線の開業により、現在、長崎駅が変わりつつある。在来線ホームも含めて駅全体が高架駅化されるとともに、駅は西へ150m動き、かつて長崎駅があった場所には、JR九州が新しい駅ビルを建設し、大きな駅前広場が整備されている。

一方で、駅が移動したことで、路面電車である長崎電気軌道電停やバスターミナルが遠くなり、交通結節点《けっせつてん》としての使い勝手が悪くなったという側面もある。

新しくなったにもかかわらず、使い勝手が悪くなったのはなぜなのか？　その理由について解説したい。

◉「港が見える終着駅」として着々と整備が進むが…

新しくなった長崎駅は、長崎県と長崎市が進める再開発事業に結びついており、駅の東西の分断解消のために高架化された。波打つような形状をした屋根が印象的なこの駅は、ヨーロッパのそれを彷彿《ほうふつ》させる。

駅の重要なコンセプトの1つは、「港に面した頭端駅《とうたん》」であり、ホーム南端からは長崎港が一

望でき、新しい長崎の象徴ともいえる場所だ。駅の改装にともなって駅周辺の開発も進み、西側には「出島《でじま》メッセ長崎」が2021（令和3）年にオープン。隣接する「ヒルトン長崎」とともに、国際会議や展示会が可能な施設となっている。

ＪＲ九州も長崎の新たな拠点とすべく大規模な開発を進めており、駅の高架下には新たなショッピングスポットとして「長崎街道かもめ市場」がオープン。駅の東側では旧駅舎の頃から営業を続けるアミュプラザ長崎、ＪＲホテル九州に加え、地上13階建ての新駅ビルを建設中で、商業施設やオフィススペース、さらには「長崎マリオットホテル」の進出も予定されている。これらは**ＪＲ博多シティに次ぐ、ＪＲ九州では2番めの規模を持つ商業施設**となり、ＪＲ九州の新しい長崎への意気込みが感じられる。

そして、かつての長崎駅があった区画では、開放的な駅前広場やバスやタクシーの乗り場、一般乗用車の乗降スペース、駐車場なども設けられ、歩行者に優しく、広々としたデザインが採用されている。

しかし一方で、長崎駅が西へ150m移動したことにより、かつての長崎駅舎の前にあった長崎電気軌道の電停や高速バスターミナルが遠くなった。再整備計画において、新しい長崎駅に交通結節点としての機能は考慮されなかったのだろうか？

◉路面電車の電停と高速バスターミナルを動かせない理由

鉄道ファン諸氏なら、駅の高架化にともない、なぜ長崎電気軌道を高架下に引きこまなかったのかと考えるだろう。路面電車の電停が高架駅近くに移される事例は、富山駅をはじめ、日本各地で見られ、現在工事中の広島駅では駅ビル2階への電停引きこみ（152ページ参照）といった大プロジェクトも見られる。そこまでは求めないにしても、路面電車を高架下に引きこむくらいのことができなかったのかと考えるのが自然だろう。

それが実現できなかったのは、**駅前を走る国道202号が原因**である。この国道の1日平均の交通量は5万8695台。これは国土交通省が定める道路構造令における、1日平均交通量2万台以上の「第1級」に相当し、1日平均5万台以上というのは大都市の幹線道路とも遜色《そんしょく》ない数値となっている。

長崎電気軌道の電停を駅の高架下に設置するということは、これだけ交通量の多い道路を横切るかたちとなり、ただですら交通量の多い道路の流れを悪化させ、駅周辺の渋滞が慢性化する可能性が高い。このため国道の交通量か、駅の交通結節点としての役割かの二者択一となり、国道の流動維持が優先されたのである。

そして、電停と同じく駅からの距離が問題となるのが、**国道を挟んだ反対側にある高速バスターミナル**である。このターミナルビルは、1963（昭和38）年の完成から50年以上が経過し、老朽化とともに、現在の耐震基準やバリアフリーへの対応が進んでいないことが問題とされていた。そのため、長崎駅の北側に移設されることが決まり、2019（平成31／令和元）年度には土地が取得された。

しかし、この新しいバスターミナルも駅から近いとはいえず、長崎電気軌道の電停の問題を含め、地元の経済界から長崎駅の交通機能結節の問題点が指摘されるようになり、バスターミナル移転は白紙に戻った。

◉計画見直しを図るも、結論は「現状から変更なし」

こうした長崎駅の整備計画が抱える問題解決のため、行政と有識者により「長崎市中心部の交通結節等検討会議」が2019年8月に発足。3度にわたる協議会が行なわれ、2020（令和2）年7月、長崎市中心部の交通結節機能強化の基本計画がまとめられ、長崎駅再整備事業の今後の方針が決定された。

しかし、結論からいえば、ほぼ現状どおりに落ち着いた。長崎電気軌道の電停については、すでに高架駅の工事が進んでいる段階で、軌道を高架下に引きこむことは不可能であり、より軌道を駅に近づけるために、道路の中央から駅方向に移動させる「サイドリザベーション化」が検討された。これは熊本駅や鹿児島中央駅でも見られるもので、軌道を道路の中央から端《はし》に寄せることで横断歩道や歩道橋などを利用せずとも、平面移動で電停に移動することができるというものだ。

これにより利便性の向上、バリアフリー化が図れるが、これも長崎駅の前後で軌道を道路の中心から端に寄せることで、国道202号を横切ることになり、やはりその道路交通量がネックとなり、現時点で軌道を移設することは難しいとされた。

高速バスターミナルについても現在の場所が好ましいとされ、同じ場所での建て替え工事を行なうという方針が確認された。しかし、具体的なターミナルビルの規模、設備についてはまったく決定しておらず、その先行きは不透明である。

このように、何をするにも国道202号の交通量を解決しない限り、駅周辺の公共交通の利便性向上を図ることは難しく、行政では国道の交通量をいかに分散化させるかが、今後の課題となる。

◉利便性低下によるJR九州への影響は?

地域公共交通との乗り換え利便性が低下すると考えられている長崎駅だが、利用者数の減少など、JR九州にとっても不利な状況にならないのだろうか? 結論からいえば、**その影響は極めて限定的であり、この状況はJR九州にとってむしろ好ましい**ものかもしれない。

通勤や通学への影響がゼロとはいえないが、通勤・通学の場合、自宅から駅の距離、代替となるバスルートや運賃、その利便性といったところとの比較になるため、これが理由でJR九州を選択肢から外すということは考えづらい。

また、長距離利用者の流動を見ても、西九州新幹線の開業後1年間の成績も開業特需があったとはいえ、コロナ禍前の2018年と比べても100%を超えており、路面電車との乗り換えが不便になることが西九州新幹線を選ばないという理由になることもほぼないだろう。

一方で、整備計画において「国道202号の流れを妨《さまた》げない」という考えはJR九州にとってメリットと考えられる。それは長崎駅で展開するJR九州の商業施設の集客のためだ。長崎駅にはアミュプラザ長崎、JR九州ホテル長崎、そして新しい駅ビルが建設中である。こうした施設へのアクセスは、クルマでのアクセスが重要視され、休日のアミュプラザ長崎の駐車場へは列ができていることも珍しくない。

JR九州は不動産事業をはじめ、鉄道外事業を幅広く展開し、事業の多角化という点では、JRグループ随一《ずいいち》といってもよいだろう。小売事業もJR九州では重要な事業の1つであり、博多駅、鹿児島中央駅、熊本駅では、周辺地域のパワーバランスを変えるほど大きなものとなっている。

駅へのアクセスは鉄道を利用してもらうという鉄道事業者本来の目的もある。しかし、**駅周**

辺へのクルマでのアクセスは、商業施設での売上や駐車場代といった収益に直結し、これぞJR九州が求めていることでもある。

このように、少し言い過ぎになるかもしれないが、JR九州にとっての関心事は公共交通の結節よりも、駅周辺の道路事情であり、それが良好であればあるほど、JR九州の事業全体としてプラスになるのだ。

京都駅ビル開業は市内のパワーバランスをどう変えたのか?

1987(昭和62)年の国鉄分割民営化後、京都駅は大規模な駅ビル建設により変化し、観光都市京都の玄関口として賑わいをもたらした。これにより、京都における商業の勢力分布は大きく変化した。京都駅の変遷を振り返りつつ、京都駅の実力を推《お》しはかり、その将来を考えてみよう。

◉京都市の中心部から外れた場所に駅が設置されたわけ

京都における京都駅の位置を理解するには、京都の歴史を振り返る必要がある。現在の京都駅は八条《はちじょう》通の北に位置し、東海道新幹線のホームに近い南口は「八条口」と呼ばれている。京都は碁盤《ごばん》の目のように東西南北に道路が直線的に通っており、東西の主要な通りは、一条通、二条通などと名付けられている。

京都駅のもう1つの出口は烏丸口《からすま》である。巨大な駅ビルがそびえ立ち、名所の1つである京都タワーの向かいに位置する。そのタワーの西側の通りが烏丸通であり、駅の出口の名前の由来である。また、烏丸通の地下には京都市営地下鉄烏丸線が通っており、南北を結ぶ主要な路線として機能している。

京都はかつての日本の首都で、794年に平安京に遷都された。平安京の北端《ほくたん》であった一条大路は現在の一条通に該当し、政治の中心である大内裏《だいだいり》はそのすぐ南にあり、平安京の南端《なんたん》は九条通の近辺だった。

のちに建設された京都御所や二条城も、一条通から二条通の近辺に位置しており、江戸時代の東海道五十三次の西の起点は三条大橋で、祇園、四条通、三条駅、祇園四条駅、京都河原町駅、烏丸駅の周辺などが市内の繁華街を形成した。つまり、**京都の中心地は歴史的に一条通から四条通にかけてであり**、**八条通は町外れ**となる。

このように歴史を振り返ると、国鉄京都駅（現・JR京都駅）の位置が京都の中心から外れた場所であることがわかるが、なぜ、そんな不便な場所に駅が建設されたのだろうか。

その理由は用地買収とルート選定だった。京都駅の始まりは1877（明治10）年に大阪から神戸への鉄道が京都まで延伸されたときで、当初、繁華街である三条通周辺が駅の場所として考えられたが、高価な土地代がネックとなった。また、将来的に大津方面へ延伸する計画があり、延伸に都合のよい南の八条通に駅が設置されることになったのである。

その後の東海道新幹線において、当初の計画では京都駅よりもさらに南側の奈良線の桃山駅近くに駅が設置される予定だった。しかし、地元の反対運動や国鉄の決断により、最終的に京都駅経由のルートが選定された。京都駅の前後に急曲線が多いのはそのためだ。

このように、新幹線開業により京都駅はその存在が大きくなったが、その役割は交通の要衝《ようしょう》としてであり、駅周辺に商業施設も少なかったこともあり、国際観光都市京都の玄関口にふさわしいものとはいえなかった。

◉京都駅の利用者数を増やしたＪＲ西日本の戦略とは

国鉄時代は公社であったため、非鉄道事業参入への制限があった。しかし、１９８７年に分割民営化によってこの制約が解除され、ＪＲは駅ビルなど駅周辺の自社開発が可能となり、鉄道を巨大な集客装置として利用する傾向が強まった。

そこで、ＪＲ西日本が建設したのが烏丸口の伊勢丹が入る巨大な駅ビル……といいたいところだが、じつは京都駅ビルの計画自体は国鉄時代の１９８２（昭和57）年に京都府や京都市によって始められ、国鉄に要請されたものだ。ＪＲ西日本になってからのプロジェクトではない。

しかし、この駅ビルの完成はＪＲ西日本発足の10年後、１９９７（平成９）年であり、国鉄時代の計画をＪＲ西日本が継承し、より魅力的なものとして、完成させたといえるだろう。

地上16階、地下３階の非常に巨大な駅ビルだが、京都市による高さ規制31ｍを大幅に超える60ｍであることが、より大きく見える理由だろう。この高さが許可されたのは、都市再生特別地区に指定されたためであり、今後の駅周辺開発にもその制限超過が許可されている。賛否両論はあるが、**京都駅ビルは玄関口、ショッピングスポット、観光名所として京都駅周辺の魅力度向上に貢献した**といえるだろう。

さらにＪＲ西日本は本業である鉄道事業にも大きな改善を加えた。新快速の利便性向上、所要時間短縮などを行ない、競合する阪急、京阪、阪神にとって大きなダメージとなった。新快速は滋賀県内の需要掘り起こしに成功し、草津駅などから大阪、京都方面への通勤通学需要が拡大。京都駅を発着する山陰本線もローカル線から京都近郊を結ぶ通勤通学路線となり、これらは京都駅の利用者数を増加させ、駅ビルビジネスに好影響を与えたことは間違いない。

その利用者数をまとめたのが次ページの表だ。ＪＲ西日本と完全に競合する阪急と京阪の駅は、２０００年代初頭以降低迷していた。しかし、２０１０年代以降コロナ禍以前まで、これらの駅の乗車人員は上昇傾向にあり、地下鉄なども同様だが、インバウンド客増加の恩恵を受

京都駅と四条河原町近辺にある駅の乗車人員推移

鉄道会社	駅	2000年	2005年	2010年	2015年
JR西日本	京都（在来線）	164,712	176,405	183,715	200,592
JR東海	京都（新幹線）	33,154	30,921	31,726	37,167
近鉄	京都	61,348	55,786	53,271	52,041
地下鉄	京都			53,144	61,045
	四条			42,853	48,453
阪急	京都河原町	46,805	38,249	35,592	39,616
	烏丸	41,859	41,285	40,121	44,907
京阪	三条	21,737	18,162	18,096	20,400
	祇園四条	27,367	23,973	21,463	25,386

鉄道会社	駅	2016年	2017年	2018年	2019年
JR西日本	京都（在来線）	200,425	203,296	200,426	195,616
JR東海	京都（新幹線）	37,630	38,748	39,227	36,666
近鉄	京都	52,019	52,030	51,392	51,471
地下鉄	京都	61,993	62,988	64,718	65,463
	四条	48,941	49,604	51,127	51,645
阪急	京都河原町	41,521	44,751	42,203	42,195
	烏丸	45,899	45,732	46,411	47,474
京阪	三条	17,055	17,781	17,764	17,970
	祇園四条	21,890	24,151	24,455	24,416

＊京都市オープンデータの数値を参考に作成

けていたと考えられる。

一方、JR京都駅については、在来線、新幹線ともに、コロナ禍前の2018（平成30）年度までは、ほぼ右肩上がりで増加し、京都駅ビルが完成した1997年には大幅な増加が見られ、他の鉄道会社に比べて乗車人員を増やし、その差を広げている状況が見える。

◉経済指標で見る京都駅と京都河原町駅

京都駅と京都河原町駅の周辺半径500mと1kmの範囲にて事業所数と従業者数を比較してみた。その結果が次ページの表である。

京都駅近辺では、事業所数は半径500mと1kmの両方でわずかに増加してお

京都駅と京都河原町駅近辺の事業所数

	京都駅		京都河原町駅	
半径	0.5km	1km	0.5km	1km
2001年	1,025	3,051	3,465	9,276
2006年	1,074	2,891	3,135	8,847
2009年	1,399	3,079	3,342	8,431
2012年	1,408	2,928	2,513	7,025
2014年	1,611	3,197	2,536	7,213
2016年	1,593	3,110	2,360	6,757

京都駅と京都河原町駅近辺の従業者人口

	京都駅		京都河原町駅	
半径	0.5km	1km	0.5km	1km
2001年	20,223	42,453	20,929	67,159
2006年	20,444	42,150	20,079	68,877
2009年	33,213	49,992	23,760	71,890
2012年	29,555	44,688	23,608	65,627
2014年	31,489	47,541	21,495	66,256
2016年	38,991	54,469	20,070	62,340

＊統計GIS、国勢調査の数値を参考に作成。事業所数に官庁など公的機関は含まず。また、統計年度により算出方法が異なるため、数値には誤差がある

り、従業者数では京都駅半径５００ｍで確実に増加している。このことから、**京都駅周辺では雇用が増加している**ことが示唆《しさ》される一方、京都河原町駅から祇園四条駅にかけては、事業所数がほぼ減少しており、**従業者数では２００９（平成21）年がピークで、その後は減少傾向が続いている。**

京都駅近辺は発展を続けており、一方で阪急百貨店の撤退など四条河原町近辺は減少傾向にある。ただし、四条河原町エリアには髙島屋や大丸などの百貨店が健在であり、衰退傾向がほかの都市の中心部のように急速ではないことに注意が必要だ。

このことから、京都駅ビル開業は四条

河原町のシェアを奪った一因であると考えられるが、同時に京都市外からの利用者を誘発し、新たな需要を創出したといえる。

◉順風満帆に見える京都駅ビルの課題とは

烏丸口では日本郵便とJR西日本傘下の京都駅ビル開発が共同で、京都中央郵便局を高さ約60mの高層複合ビルへ建て替え、商業施設、オフィス、ホテルの活用を含む多目的ビルとして2029年度に開業予定である。

また、世界的なクリエーター集団「チームラボ」のミュージアムが2024（令和6）年度中に京都駅の南に完成予定であり、新しいショッピングスポットや観光名所により、京都駅周辺の開発が加速する。

さらに、京都駅は北陸新幹線新大阪延伸時には新しい駅が建設される予定であり、**北陸方面への移動需要が増加するとともに、京都駅の交通の要衝としての役割はさらに大きくなる。**

しかし、京都駅には課題もある。巨大な吹き抜け構造の駅ビルでは、過去には天井のガラス板が落下し、怪我人が出たり、2023（令和5）年1月の大雪の際には、その開放的な構造ゆえに、雪が駅舎内に吹きこんだりといった問題が発生した。

京都駅はこうした激甚《げきじん》化する災害に対しあまりに無防備といえ、利便性や魅力度を向上させるだけではなく、新しい時代に対応した防災対策のアップデートも必要だろう。

このように京都駅は経済的な観点から見れば、既存の繁華街であった四条河原町・祇園地区よりも有利な状況にある。

しかし、四条河原町・祇園地区には京都の伝統的な雰囲気が残り、観光客が楽しむ古都の風景が広がっている。古都京都を代表する四条河原町・祇園地区と、現代に合わせたまちづくりが進む京都駅周辺といったように、ニーズに合わせた棲《す》み分けが進み、将来的には、京都全体の魅力向上に寄与することが期待される。

上越線の廃線も想定?! みなかみ町による上毛高原駅改名構想のウラ事情

上越新幹線の上毛《じょうもう》高原駅は水上《みなかみ》温泉や谷川岳といった観光地への玄関口であるにもかかわらず、残念ながら、その役割が果たせているとはいえない状況である。

そのため、上毛高原駅という駅名を「みなかみ」という地名を含むものへの変更が検討されてきたが、その要望は通らないまま現在に至っている。

この上毛高原駅の改名問題は、地元みなかみ町の将来にもかかわる重要事項である。その背景について考察しよう。

◉立地条件のよい新幹線駅なのに、思うように集客できない3つの理由

上毛高原駅は上越新幹線で高崎駅の次にあり、群馬県の北端、みなかみ町に位置している。水上温泉や谷川岳といった観光地へのバスが発着しているが、駅の周辺にはこれといった商業施設もなく、閑散《かんさん》としている。その状況は2021（令和3）年の1日平均乗車人員が415人という数値にも表れており、これは上越新幹線の駅のなかでは最低値である。

しかしながら、東京から1時間余りと比較的首都圏に近く、自然にも恵まれ、近隣に観光地を抱えるという立地条件はけっして悪いものではなく、みなかみ町は上毛高原駅の優位性をほとんど活かせていない。この問題は3つの側面から見ることができる。

①上毛高原駅周辺開発

上毛高原駅の周辺はこれといった開発が行なわれないまま時が過ぎてきたのだが、その大きな理由は、1982（昭和57）年に上越新幹線が開通した当初、駅が小さな自治体である月夜《つきよ》野町《のまち》にあったことが考えられる。主体となるべき駅が立地する自治体が小さかったため、周辺地域との調整が難航し、思ったような開発ができないまま現在に至ったようだ。

そもそも「上毛高原」と駅名がつけられたのも、駅が月夜野町に立地していたことによる。新幹線の駅名にするには、さすがに月夜野町では全国的な知名度に欠けていた。しかしながら、

駅がある月夜野町を無視して周辺地域で比較的知名度のある、たとえば「水上」の名前をつけるのも理屈に合わない。

そのため、もともとの仮称だった「上毛高原」も、群馬県北部の広域的な地名としての「上毛」を冠することでの地域全体の総意、そして、観光の玄関口として「高原」という響きのよさから消去法的につけられたという経緯がある。

このように、駅が開設された当時は自治体間での意識の違いなどによる調整が困難を極めたわけだが、その問題も、2005（平成17）年に月夜野町と水上町などが合併して「みなかみ町」となったことで解消し、この地域全体の視点で上毛高原駅のあり方を捉えられるようになった。

みなかみ町の人口は減少傾向にあり、この状況に対する危機感は非常に大きい。このため、上毛高原駅の存在価値を再評価し、町の活性化へとつなげる動きとリンクしているのだ。

そして、みなかみ町は2019（令和元）年7月に群馬県で初めて、政府肝入《きもい》りの政策であるSDGs未来都市に選定された。この機会を活かし、上毛高原駅周辺の開発を推進し、町のブランド化を図る計画を立てている。

②観光業の不振

上毛高原駅の観光への対応不足が指摘されるが、その問題は新幹線や上毛高原駅の利便性ではなく、この地域最大の観光スポットである水上温泉の魅力の低下が指摘されている。観光入込数のデータからも、2017（平成29）年から2021年までの数年間で減少が続いており、2020（令和2）年からのコロナ禍の影響だけでなく、それ以前から減少傾向にあったことがわかる。

水上温泉周辺には廃墟となったホテルがいくつも見られ、バブル期に建てられた施設が業態の変化に対応できずに廃業に追いこまれている。上毛高原駅の改名や駅前の再整備などは、行き先となる観光地としての吸引力があってのものであり、**駅周辺の開発と並行し、水上温泉をはじめとする周辺地域の活性化も同時進行せねばならない**。

近年では、水上温泉の廃墟を利用したマルシェ（市場）といった試みや、ユネスコエコパーク登録によるブランド力を活用し、観光地の復活を図る取り組みも行なわれている。そうした取り組みを推進する意味でも、上毛高原駅という名前の是非《ぜひ》、玄関口としての重要性が議論されるわけだ。

③水上駅と上毛高原駅の棲み分け

上越線の水上駅は水上温泉や谷川岳への最寄り駅であるが、年々利用が減少し、観光の玄関口としての役割が小さくなっている。かつては新潟への在来線特急など多くの列車が停車し、水上温泉へのアクセスルートとして機能していたが、上越新幹線開業後、列車本数が減少し、定期特急列車もすべて廃止され、現在は観光列車の「ＳＬぐんま みなかみ」が多客期に運行される程度となっている。

２０２１年の水上駅の乗車人員は１日平均２１８人と、以前の主要駅としての地位は失われており、とくに上越国境越えの越後湯沢方面への利用者が少ないため、列車運行も１日数本に限られている。水上～越後湯沢間の輸送密度は２０２１年で６７２に止《とど》まり、ＪＲ東日本の利用者が少ない線区としてリストアップされているほどだ。

このように、**水上駅に水上温泉への玄関口としての役割を期待することは非現実的**であり、新幹線で広域からの集客が可能な上毛高原駅こそが水上駅の担《にな》っていた役割を果たす必要があるのだが、これができていないというのが現実である。

◉危機感を募らせる町の悲願はかなうか？

これらの問題を解決するために、上毛高原の駅名を改称し、地域における駅のブランド化を図ろうとしているわけだが、駅名変更については、じつは２０１２（平成24）年ころからＪＲ東日本への要望活動が行なわれてきた。しかし、その成果がなかったことは、現在も上毛高原駅として存在していることからもわかる。

その後、町を取り巻く状況は刻々と変化し、２０２１年に「上毛高原駅を核としたまちづくり構想策定委員会」が設置され、改名に向けて検討が重ねられた。そして、２０２２年には「みなかみ」を含む駅名への名称変更を求める署名がＪＲ東日本に提出された。

また、構想策定委員会における委員の発言では、在来線の上越線に対する危機感が非常に高く、上越線が廃線になる未来像や貨物専用線転換の可能性、新前橋駅あたりからのＢＲＴ（バス高速輸送システム）置き換えの可能性、さらにはみなかみ町の消滅の可能性にまで言及している。そのために在来線の水上駅から、上毛高原駅への本格的なシフト、つまり上毛高原駅を新たな「みなかみ駅」にすべく、駅名の変更を早急に実施すべきと考えているわけだ。

しかし、上毛高原駅の改名が実現するかどうかは微妙である。これまでの事例で、新幹線駅で改名されたのはただ一例、山陽新幹線の小郡《おごおり》駅から新山口駅のみだ。改名にはＪＲ西日本のシステム変更、駅名標などの変更など多額の費用が発生し、新山口駅への改名の際には、２分の１をＪＲ西日本、そして山口県と山口市がそれぞれ４分の１を負担した。

このように駅名変更には多額の費用がかかるため、**みなかみ町単独での実現は難しく、ＪＲ東日本や群馬県の協力が必要**である。その協力を得るために、みなかみ町は具体的な構想とその改名による効果をＪＲ東日本や群馬県に説明し、合意形成を図る必要がある。

駅名の変更が行なわれるのは、これまでの例から大きなダイヤ改正が最適なタイミングであり、みなかみ町では、２０２４（令和６）年春に予定されている北陸新幹線金沢〜敦賀間開業での駅名変更を目指すとしていたが、実現は難しくなった。

みなかみ町にとっては、町の未来をも左右する新幹線駅の改名であるが、実現への道のりは非常に険しいものとなっている。

なぜ、のぞみは静岡に停まらない？ リニア中央新幹線の開業後も変わらない状況

東海地方の中心都市、政令指定都市の代表駅ながら、静岡駅には「ひかり」と「こだま」しか停車せず、「のぞみ」の全列車が通過している。のぞみの停車を要望する静岡県に対し、大きな市場を持つ東京、名古屋、新大阪を最短時間で結ぶことをおもな理由として、のぞみは静岡駅を通過するといわれている。

しかし、都市規模で近い岡山駅、都市規模がもっと小さな長野駅などでは、最速列車のすべてが停車している。なぜ、静岡駅だけがこうした扱いになっているのだろうか？

◉「のぞみ」が停まらないものの、利用者が多い静岡駅

まずは、次ページの表を見ていただきたい。のぞみ全列車が停車する品川駅、新横浜駅、京

新幹線主要駅の乗車人員（2019年度）

駅名	在来線	新幹線	JR東日本新幹線	合計
東京	387,585	98,120	75,004	
品川	377,337	36,000		
新横浜	65,351	32,809		
静岡	39,396	20,000		53,396
浜松	24,026	13,000		37,026
名古屋	145,714	70,000		215,714
京都	195,082	36,566		
新大阪	69,809	79,514		
仙台	64,046	26,653		
大宮	257,344	29,679		
新潟	27,166	9,232		
新神戸		9,573		
岡山	55,460	13,865		69,325
広島	61,634	15,408		77,042
小倉	35,636	12,121		新幹線乗降人員の半分
博多	126,627	22,741		
熊本	10,441	5,000		15,441

*静岡駅、浜松駅、名古屋駅は、各都道府県の統計による在来線と新幹線の合計の数値を利用し、JR東海が公表している大まかな新幹線分の乗車人員の数値を用いて在来線と新幹線の乗車人員を割り出しているため、細かなデータの違いがある。岡山駅と広島駅、熊本駅は在来線と新幹線の合計の乗車人員しか公表されておらず、過去のデータをもとにした筆者の推測値となる

都駅では乗車人員が3万人台とさほど大きなものではない。

一方、静岡駅にはひかりとこだましか停車していないというハンデがありながら、乗車人員は2万人。しかも、静岡駅がある静岡市は政令指定都市であり、県都である。政令指定都市は全国で20あり、静岡県内では浜松市も政令指定都市である。

さらに、静岡駅と浜松駅は政令指定都市、さらにいえば、静岡駅は県庁所在地にある新幹線駅としては、唯一《ゆいいつ》速達列車が停車しない駅でもある。

そして、他の新幹線の駅まで含めれば、ＪＲ東日本の全新幹線列車が停車する大宮駅でも3万人弱。のぞみが停車する岡山駅や広島駅でも新幹線の乗車人員は2万人を

切っている可能性が高く、小倉駅は1万2000人程度、新神戸駅に至っては1万人を切っており、いずれも静岡駅を大きく下回っている。静岡駅にのぞみを停車させれば、3万人を超えるくらいの数字にはならないのだろうか。

◉なぜ、「のぞみ」は静岡駅に停車しないのか？

静岡駅にのぞみが停まらないのは、静岡駅の市場規模がもっとも大きな理由である。2020（令和2）年度の国勢調査の数値を見ると、静岡市の人口は69万3389人。これは全政令指定都市のなかでもっとも低く、人口の増減率を見ると、2005（平成17）年時点で、人口が減少傾向に入っているのは静岡市と北九州市のみ。直近《ちょっきん》の2015（平成27）年と2020年の人口の対比でも新潟市、北九州市に次いで、3番目に減少率が高くなっている。

そして、静岡駅の後背地《こうはいち》市場が小さいこともその理由である。後背地とは駅周辺の市場、静岡市の周辺都市を指すが、先ほどの乗車人員の一覧にあるように、**静岡駅の在来線利用者数は他の駅に比べてかなり少なく、これは静岡駅周辺からの乗り換え需要が少ないこと**を示している。

さらに、他の主要駅ではJR路線のみならず、大手私鉄や地下鉄がある駅も多いが、静岡駅では静岡鉄道のみで、しかも駅は少し離れた場所にある新静岡駅である。在来線・他社線から

2015年	増減率	2020年	増減率
1,952,356	102.0%	1,973,395	101.1%
1,082,159	103.5%	1,096,704	101.3%
1,263,979	103.4%	1,324,025	104.8%
971,882	101.1%	974,951	100.3%
3,724,844	101.0%	3,777,491	101.4%
1,475,213	103.5%	1,538,262	104.3%
720,780	100.5%	725,493	100.7%
810,157	99.8%	789,275	97.4%
704,989	98.4%	693,389	98.4%
797,980	99.6%	790,718	99.1%
2,295,638	101.4%	2,332,176	101.6%
1,475,183	100.1%	1,463,723	99.2%
2,691,185	101.0%	2,752,412	102.3%
839,310	99.7%	826,161	98.4%
1,537,272	99.6%	1,525,152	99.2%
719,474	101.4%	724,691	100.7%
1,194,034	101.7%	1,200,754	100.6%
961,286	98.4%	939,029	97.7%
1,538,681	105.1%	1,612,392	104.8%
740,822	100.9%	738,865	99.7%

＊政府統計の総合窓口e-Statのデータをもとに作成

の乗り換え需要が大きくないことが静岡駅周辺の市場規模の限界を示しており、のぞみの停車で需要を掘り起こす必要もないと考えられている。

次に考えられる理由は、東海道新幹線の特殊性である。静岡市は政令指定都市であり、人口が減少傾向にあるとはいえ、都市規模は全列車停車駅の岡山駅がある岡山市とさほど変わらない。しかし、静岡市を東京23区、横浜市、名古屋市、京都市、大阪市と比べると、その規模は格段に異なる。

岡山駅がある山陽新幹線の場合、福岡市は大きな都市だが、岡山市と比べた場合、その差は東名阪と静岡市の差ほど大きなものではない。

つまり大阪と福岡の速達

政令指定都市の過去20年の人口推移

地域	2000年	2005年	増減率	2010年	増減率
札幌市	1,822,368	1,880,863	103.2%	1,913,545	101.7%
仙台市	1,008,130	1,025,098	101.7%	1,045,986	102.0%
さいたま市	1,133,300	1,176,314	103.8%	1,222,434	103.9%
千葉市	887,164	924,319	104.2%	961,749	104.0%
横浜市	3,426,651	3,579,628	104.5%	3,688,773	103.0%
川崎市	1,249,905	1,327,011	106.2%	1,425,512	107.4%
相模原市	681,150	701,630	103.0%	717,544	102.3%
新潟市	808,969	813,847	100.6%	811,901	99.8%
静岡市	729,980	723,323	99.1%	716,197	99.0%
浜松市	786,306	804,032	102.3%	800,866	99.6%
名古屋市	2,171,557	2,215,062	102.0%	2,263,894	102.2%
京都市	1,474,471	1,474,811	100.0%	1,475,015	99.9%
大阪市	2,598,774	2,628,811	101.2%	2,665,314	101.4%
堺市	829,636	830,966	100.2%	841,966	101.3%
神戸市	1,493,398	1,525,393	102.1%	1,544,200	101.2%
岡山市	674,375	696,172	103.2%	709,584	101.9%
広島市	1,134,134	1,154,391	101.8%	1,173,843	101.7%
北九州市	1,011,471	993,525	98.2%	976,846	98.3%
福岡市	1,341,470	1,401,279	104.5%	1,463,743	104.5%
熊本市	720,816	727,978	101.0%	734,474	100.9%

需要は山陽新幹線では大きな比重を占めるものの、東海道新幹線における東名阪の速達ニーズほど大きなものではないため、途中の岡山駅や広島駅の需要の比重も相対的に大きくなる。

もっといえば、これらの需要だけでも不十分なので、のぞみやみずほには、姫路、福山、徳山、新山口に停車する列車が設定され、よりきめ細かく需要を拾う施策をとっている。

他の新幹線を見ると、さまざまな都市のニーズを拾う傾向がさらに顕著《けんちょ》に見られるほか、上越新幹線では、越後湯沢駅までの区間列車が「たにがわ」、新潟駅までの「とき」、東北新幹線では、区間列車の「なすの」、盛岡までの「やまびこ」、新青森や（北海道新幹線の）新函館北斗までの「はやぶさ」と、停車駅と運行区間双方で名前が分けられている。

山陽新幹線や九州新幹線こそ、やや東海道新幹線に近い運行パターンではあるが、東海道新幹線は東名阪という、他の新幹線にはない巨大な市場を持つゆえに、その**三大都市の速達需要、つまり、のぞみの運行が最優先にされ、その結果、のぞみは静岡駅を通過してしまう**というわけだ。

そして、静岡駅への移動では競合不在であることも理由である。ひかりは東京駅と静岡駅を約1時間で結び、しかも距離が短いため、フライトとの競合がない。高速バスは多数運行されており、料金も3000円以下と新幹線を圧倒するが、所要時間が3時間以上かかるため、速達性ではまったく太刀打ちできない。

そのため、速さの新幹線と安さの高速バスで完全な棲み分けができており、のぞみを停車させたところで、現行のひかりとさほど大きな違いはない。

これが神戸、岡山、広島となると、航空機との競合があり、のぞみの速達性が重要視される。つまり静岡駅はさほど東京から離れていないことが、のぞみの速達性を不要としているのだ。

◉静岡駅にのぞみを停車しても、所要時間は「ひかり」と変わらない

「静岡駅にのぞみを停車」という要望は、速達性と運行頻度の向上を求めてのことだが、現在のひかりの運行パターンを見る限り、静岡駅と新横浜駅、名古屋駅双方向での途中停車駅は1駅であることが多く、仮に静岡駅にのぞみが停車しても、所要時間は現行のひかりとさほど変わらないと思われる。

のぞみの運行本数がひかりとこだまに比べてあまりに多いため、のぞみを停車させれば、運行頻度は大幅に上がる。しかし、他の新幹線と比べると、静岡駅の列車の本数はけっして少なくない。

たとえば、東北新幹線の仙台駅では、はやぶさを含め、全列車が停車するが、列車の本数が多い東京方面を見ても、日中は出発、到着ともに片道1時間3本程度。静岡駅の片道毎時ひかり1本、こだま2本という運行パターンと変わらない。静岡駅の市場規模を考えた場合、**1時間3本のひかり、こだまの停車で十分カバーできると判断されている**わけだ。

◉リニア中央新幹線の開業後に予想される東海道新幹線の今後とは

リニア中央新幹線は品川から名古屋を結び、将来的には新大阪まで延伸される。つまり、東名阪を最短で結ぶのぞみの役割はリニアへと移行する。

その結果、東海道新幹線の新しい役割は中規模都市間輸送や大都市への通勤輸送になると予想され、たとえば、三島《みしま》、小田原発着の列車の増発、新横浜〜名古屋間で静岡や浜松だけに停車するといった列車の設定などが考えられる。そのように考えると、のぞみという名称の列車が残ったとしても、その役割は現在のひかりと何ら変わらない。

そして、静岡市をはじめ、沿線の人口減少が加速する。そして、東名阪の速達需要はリニア中央新幹線へ移行することを考えると、現在ののぞみのような高頻度の列車運転は必要なく、**現在のひかりとこだまの運行本数からわずかに増える程度で十分になる**可能性もある。さらにいえば、適正な座席供給という考えから、10両編成といった短編成化される可能性もある。

現在、隆盛を極める東海道新幹線であるが、リニア中央新幹線が開業すれば、一気にローカル化し、のんびりとした運行になることも十分考えられる。

5章

新線・新駅計画が語る 鉄道各社の未来戦略

ＪＲ西日本と広島電鉄による広島駅建て替えプロジェクトの狙いは？

広島駅南口では現在、駅ビルの建て替えを中心とした大規模な開発が進んでいる。この開発はＪＲ西日本にとって巨大プロジェクトであると同時に、広島市内の公共交通ネットワークの再構築、広島市にとっても市の活性化といった非常に大きなテーマを含むものである。

再開発が広島市にどのような影響をもたらすのか、考察してみよう。

◉広島駅再整備の総仕上げとなる巨大計画

この再開発の中核を成すのは、ＪＲ西日本が進める広島駅ビルの建て替えである。この計画は広島市が進める広島駅再開発計画「広島駅南口広場の再整備などにおける魅力的な駅前空間の創出について」に合わせたもので、ＪＲ西日本は、１９６５（昭和40）年に建設され老朽化してきた駅ビルの建て替えを行なっている。

ＪＲ西日本では、これ以前から広島駅の改良工事を進めており、２０１４（平成26）年には駅の北側の新幹線口のペデストリアンデッキ、２０１７（平成29）年には橋上《きょうじょう》駅舎を完成させ、駅の南北の移動が大きく改善された。**今回建設される駅ビル建設は、こうした一連の広島駅の**

再整備の総仕上げとなるものだ。

その新しく建設中の駅ビルだが、かなりの規模を持つ。正面から見ると幅は約250mに及び、JR西日本の発表によると建設面積が1万4000㎡、延床《のべゆか》面積が11万1000㎡、高さは100m、もっとも高い部分で20階建てとなる。

この数値ではわかりづらいと思われるので、JR西日本最大級の駅ビルの1つである、京都駅烏丸《からすま》口、伊勢丹が入る駅ビルと比較してみよう。

京都駅ビルは地上16階、地下3階、そして高さは60m、敷地面積が3万8000㎡、延床面積は23万8000㎡、そしてビルの幅は約470mとなっている。広島駅ビルはこの規模には及ばないが、それでも延床面積は半分程度、高さは京都駅ビルを超え、かなり大きな商業施設と呼んで差し支えないだろう。

その広島駅ビルの2階から6階までは小売りスペースとなり、橋上駅舎建設に合わせて自由通路に開業した商業施設「ekie」とは段差なく一体化したものになり、広島駅におけるJR西日本の小売りスペースは最大化される。さらにビルの東側にはシネマコンプレックスが入ることもあり、広島駅利用者の駅での滞留《たいりゅう》時間増加に大いに貢献するだろう。

また駅ビルには、JR西日本系列で、400室程度の規模を持つホテルヴィスキオの建設が計画されている。JR西日本はすでに駅北側の新幹線口にホテルグランディア広島、ヴィアイン広島と2つのホテルを所有しているが、繁華街に近い南口にも新たにホテルを持つことになり、広島駅周辺のホテルに対しての競争力が高まる。

◉市内全体の「リ・デザイン」がもたらすものとは

このように、かなり大きな駅ビルとなるが、この駅ビル最大の特徴は**広島電鉄路面電車の駅ビル2階への乗り入れ**だ。この駅ビルの建て替えと広島駅南口の再開発は広島電鉄の路線網の再構築とも大きくリンクしている。

現在の広島電鉄の広島駅電停は南口駅前広場にあり、駅から横断歩道などを渡ることなくアクセスできるためけっして使い勝手が悪いわけではない。ただ、限られたホームに多方面の電車が発着するため、初めての観光客にはわかりづらく、また、スペースにも限りがあり、常に混雑している。

さらに広島電鉄は広島駅正面の駅前大橋を渡り、広島駅へと乗り入れるという構想を温めていた。現在の広島電鉄のルートは広島駅を出ると猿猴橋町《えんこうばしちょう》電停経由で、荒神橋《こうじんばし》を渡る大回りのルートをとっている。これは広島電鉄が広島駅までの路線を開業した際、まだ駅前大橋がなかったことが理由である。現在においては、駅前大橋を渡り、広島駅に入ることで、大回りすることもなく所要時間が短縮され、利便性は向上する。しかしながら費用の問題などもあり、これまで実現には至っていなかった。

２０００年代に入り、広島県における地方交通審議会において広島電鉄駅前大橋線の実現が取り上げられるようになった。この計画が協議されていくなかで、高架線での乗り入れ、地下線での乗り入れが検討されたが、最終的に、駅前大橋から高架線として駅ビル２階に乗り入れるという現在の方法が決定されるに至った。

路面電車の駅ビルへの乗り入れは富山駅などでも見られるが、２階への乗り入れはほかに事例がない。橋上駅舎のコンコースから段差なく移動できるため、バリアフリーの観点から見ても最善策であり、また天候に左右されずにＪＲ線と路面電車の乗り換えができるということで利便性は大幅に向上する。

広島電鉄の駅についてはホームが４本設けられる予定なので、方面別に電車が発着し、これまでに比べて非常にわかりやすい構造になる。またこの駅部分は吹き抜け構造となっており、非常に開放感あふれる、広島駅の名物といえる場所になるだろう。

そして、**広島電鉄ではこの高架駅乗り入れにより、路線の再構築が行なわれる**。まずは広島駅から駅前大橋を渡り、稲荷町《いなりまち》、比治山下《ひじやました》への新規路線が建設される。それと同時に広島駅へ既存の大回りルートである猿猴橋町、荒神橋を渡って的場町《まとばちょう》へのルートが廃止となる。

的場町から分岐する皆実《みなみ》線も、当初は比治山下〜的場町間の廃線が構想にあったが、周辺地

広島電鉄の新設ルート

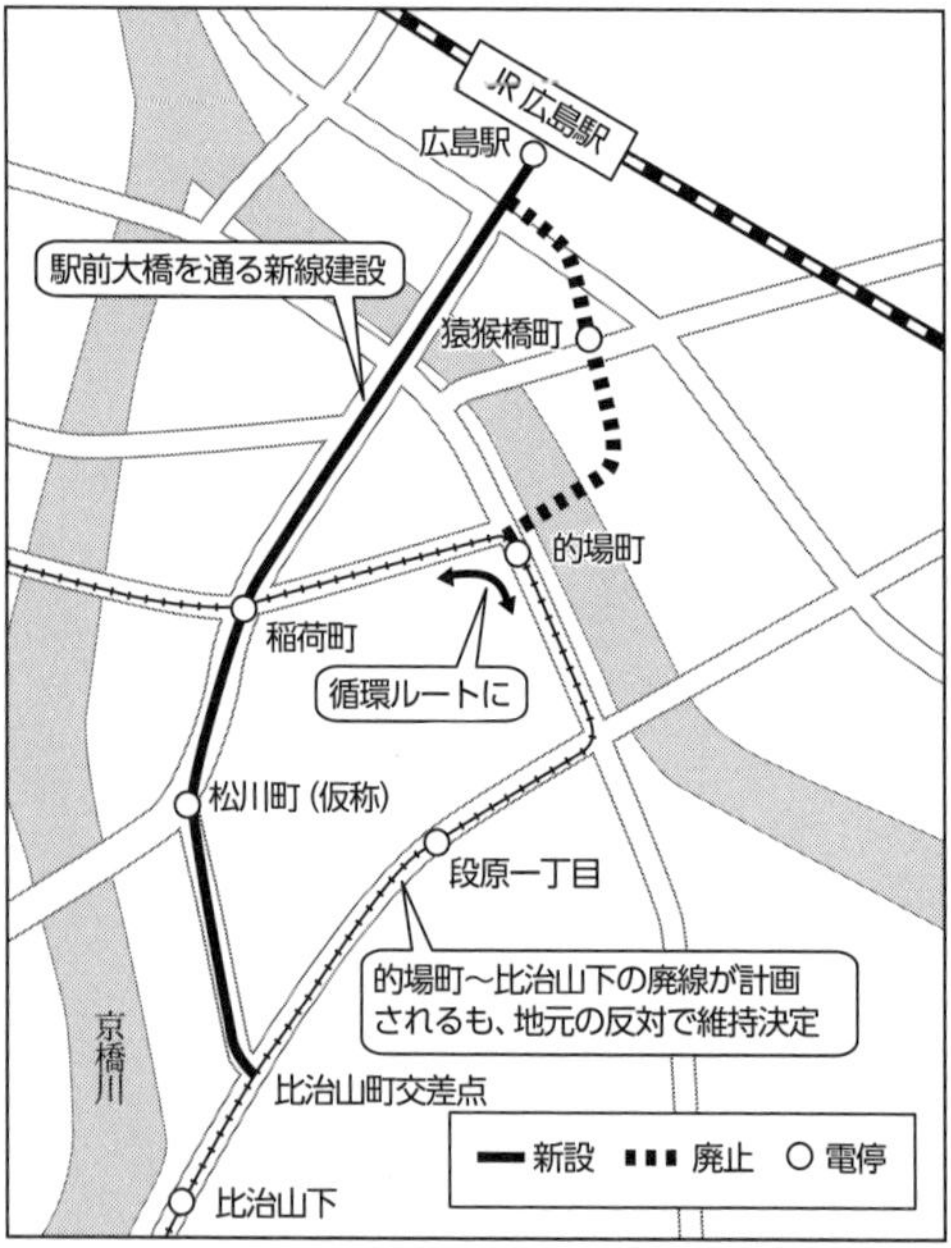

＊広島市ホームページを参考に作成

域の反対があり存続が決定。しかし、この区間は市内の環状ルートの一部となり、現在の皆実線の広島駅方面への電車は新規に建設される駅前通りのルートを比治山下から広島駅まで直進することになる。

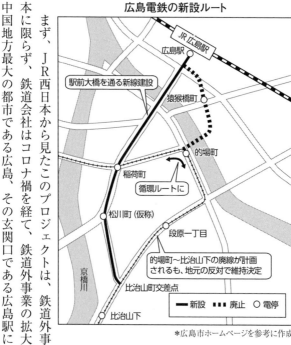

　このように、駅の再整備に止《とど》まらず、市内全体のリ・デザインともいうべき大きなプロジェクトであるがゆえに、ＪＲ西日本、広島電鉄、広島市それぞれに大きな影響を及ぼすことが予想される。

　まず、ＪＲ西日本から見たこのプロジェクトは、鉄道外事業拡大への寄与である。ＪＲ西日本に限らず、鉄道会社はコロナ禍を経て、鉄道外事業の拡大を事業戦略の中心に掲《かか》げている。中国地方最大の都市である広島、その玄関口である広島駅における駅ビル再開発は、ＪＲ西日本にとって広島でのプレゼンスを高めるための総仕上げともいうべきものなのである。

広島といえば、熊本や松山などと並んで「駅と繁華街が離れている街」としてよく例に挙げられてきた。広島市の中心地といえば八丁堀《はっちょうぼり》、紙屋町《かみやちょう》といったところで、平和記念公園や広島城といった観光名所にも近く、これまでの広島駅は広島における玄関口の役割から脱しきれていなかった。

しかし、先ほど広島駅との比較において例に挙げた京都駅ビルが、京都における市内のパワーバランスを大きく変えたという成功体験をＪＲ西日本は持っている。広島でもその再現を狙っている。しかも、２００９（平成21）年にマツダスタジアムが完成するなど広島駅周辺の開発は進み、徐々に市内の人の流れに変化が生じてきている。ＪＲ西日本にとって、広島駅開発の機は熟したのである。

この流れは同じくコロナ禍により大きなダメージを負《お》った広島電鉄にもいえることだ。基盤事業である軌道線の底上げを図り、広島駅から広島市内各地への利便性向上は広島市内に数多くの関連企業のある広島電鉄にとって非常に大きな意味を持つ。

そして、広島市にとっては広島駅周辺の開発により、既存の繁華街に加え、広島駅を中心とする「広島新都心」ともいうべき新たな核をつくるということにもなり、広島市の経済基盤の強化につながるわけだ。このように、**広島駅南口の再開発はＪＲ西日本の駅ビル建設に止《とど》まら**

ず、広島電鉄、広島市、いずれにとっても大きな意味を持つものであり、広島という街を大きく変貌させる起爆剤になる可能性を秘めたものなのだ。

この広島駅ビル完成は２０２５（令和７）年春の予定。このビルの完成が広島の発展に大きく寄与することを願ってやまない。

半導体製造工場の建設決定で、熊本空港アクセス鉄道が一気に実現へ

熊本空港は２０２２（令和４）年度に約２６０万人が利用し、政令指定都市熊本市の玄関口となっている。日本のすべての空港のなかでも利用者数は２０２２年度で12位と、日本の主要空港の１つといって差し支えないだろう。

そして、この空港には「阿蘇くまもと空港」という愛称がつけられているように、その位置は阿蘇山の麓《ふもと》に近く、熊本市の中心街からは約20㎞とかなりの距離がある。そのロケーションから空港と市内のアクセスが以前から問題視されており、空港リムジンバスを使うと市内から空港への所要時間が通常時で約1時間、朝夕の交通渋滞に巻きこまれると1時間半かかることもあり、改善が求められてきた。

そのアクセスの問題を解決するのが熊本空港アクセス鉄道計画だ。この計画は長年温め続け

られてきたが、ここにきてようやく実現に向けて動き出した。このアクセス鉄道計画のこれまでの経緯を見ていこう。

◉**複数存在していた空港アクセスルート計画**

熊本空港へのアクセス問題を解決するため、1990年代後半から定時性に優《すぐ》れた空港への鉄道整備構想があった。その候補には、JR豊肥《ほうひ》本線から分岐《ぶんき》する鉄道、市電の延伸などがあったが、採算性に問題があるとして、計画は一旦凍結された。

しかし、2010年代後半になると、熊本空港アクセス鉄道建設に向けた機運が再び高まった。その理由としては「空港近辺の人口増加」「訪日外国人旅行者の増加」「県民総合運動公園の利用者増加」「空港の民営化」「新ターミナルビル建設計画」などの環境変化が挙げられる。

そして、2018（平成30）年度、再び熊本空港アクセス鉄道の調査が行なわれた。この調査では、鉄道に加え、モノレール、市電の延伸、BRT（バス高速輸送システム）があり、それらを比較したところ、

＊モノレールは概算事業費が非常に大きく、整備期間が長い
＊市電は速達性と大量輸送性に問題がある

＊ＢＲＴでは速達性を確保するためには市街地で専用高架道の整備が必要となり、モノレールと同様、事業費と整備期間に難がある

との調査結果が報告され、豊肥本線から分岐する鉄道ルートが採択された。

◉分岐点として選ばれた3つの候補駅とは

豊肥本線からの分岐点は熊本空港の北側に位置する三里木《さんりぎ》駅、原水《はらみず》駅、肥後大津駅という３つの駅が候補に挙げられ、それぞれから分岐したケースをシミュレーションした。

その結果、三里木駅ルートではＪリーグチーム「ロアッソ熊本」の本拠地があり、たびたびイベントも行なわれる県民総合運動公園に中間駅を設けることができ、もっとも需要が高いと結論づけられた。結果を受け、三里木駅から分岐して県民総合運動公園を経由する新しい鉄道路線の建設としてＪＲ九州との協議が開始された。

この**鉄道施設の整備と保有は県が中心になる第三セクターが担当し、ＪＲ九州へ運行を委託する、いわゆる上下分離方式**を想定。建設整備費用は国の補助金や地元自治体の資金を利用し、ＪＲ九州は開業後、既存路線の増益効果の一部を「上限を建設費の３分の１」として、第三セクターに支出することとした。

ここまで具体化した計画だが、いくつかの問題があった。まず1つめに財源の問題である。当時の国の補助制度では国の負担割合は18％であったが、これでは単年黒字まで32年、40年以内の累積黒字は不可能とされた。

そして、独自に国と県がそれぞれ3分の1を負担するスキームでは2年以内に黒字化可能とされたが、そのようなスキームはなく、さらなる国への働きかけが必要という曖昧《あいまい》なものであった。

2つめに需要予測の問題である。当時の空港利用者予測として「2051年度に622万人」という数値があったが、コロナ禍前の2016（平成28）年度でも利用者は約300万人であり、あまりにも目標値と乖離《かいり》していたため、需要予測として信頼性が高いものとはいえなかった。そして、コロナ禍により、この需要予測は大きく見直されることとなった。

3つめに挙がるのが、運行パターンの問題である。途中駅として県民総合運動公園の乗降が見込めるため、三里木駅分岐ルートが選ばれたが、空港アクセス線の列車は豊肥本線に直通できず、三里木駅と空港駅の区間運行となることが想定された。

これは豊肥本線が単線であるため、その容量に空港アクセス線の列車を入れるだけの余裕がないことが理由だったが、その結果として、空港アクセス線の利用者は三里木駅での乗り換えを強《し》いられることとなった。三里木駅分岐しか需要を見込めず、選択の余地がなかったのだが、その代償として熊本駅直通という大きなメリットを失うこととなった。

このように多くの課題を抱えていたことに加え、コロナ禍による空港利用者激減もあり、2020（令和2）年には熊本県知事が事業再検討を表明。引き続き調査を続行としたが、この計画は一旦大きく後退したのである。


◉世界最大手の半導体メーカーの進出で状況が激変

硬直状態に陥《おちい》っていた熊本空港アクセスルートだが、2021（令和3）年、**半導体受託製造の世界最大手である台湾積体電路製造**（以下、略称であるTSMCと記す）が原水駅近くに進出することが決まった。

これを受け、空港アクセス鉄道計画は再び動き出し、より効率的・効果的なルートについて再検討することを知事が表明した。具体的には、TSMCの工場建設予定地に近い、原水駅、肥後大津駅から分岐するルートについて再調査が行なわれることとなったのだ。

三里木駅分岐には県民総合運動公園での乗降が見込めるが、原水駅や肥後大津駅分岐にはそうしたプラスアルファが見込めず、TSMC頼みとなることから、熊本県議会でも意見は大きく分かれた。

そして協議の結果、選ばれたのは三里木駅分岐ではなく、肥後大津駅分岐であり、2022

年11月、熊本県とJR九州の間でも合意。2034年度までの開業を目指すということとなった。

この肥後大津駅ルートが選ばれた理由は2つある。1つめは肥後大津駅分岐案の事業費総額がもっとも安価であったこと。そして2つめが豊肥本線からの直通化である。

三里木駅分岐では、豊肥本線の線路容量から三里木駅と空港駅での区間運転となることは前述したとおりだが、肥後大津駅分岐であれば、豊肥本線の列車が空港駅へ直通できる。豊肥本線は熊本駅から肥後大津駅までが電化されており、熊本都市圏として肥後大津駅までの区間運転列車が多数運行されている。

肥後大津駅分岐であれば、**現行の肥後大津駅止まりの列車を空港駅まで乗り入れさせればよいので、運行を担《にな》うJR九州としても効率的な運行が可能**である。さらに乗客目線に立っても、熊本空港から熊本駅まで直通することができ、TSMCの最寄り駅となる原水駅にも熊本空港から直通する。

一度は、需要予測面で三里木駅ルートに劣《おと》っていたために選ばれなかった肥後大津駅ルートだが、TSMC進出により、需要予測で肥後大津駅ルートが三里木駅ルートを逆転した。熊本空港アクセス鉄道は落ち着くべきところに落ち着いたといえよう。

品川駅再整備計画。JR東日本、JR東海、京急、東京メトロそれぞれの思惑とは

ＪＲ東日本と京急電鉄による品川駅の開発計画の全貌が明らかとなった。京急品川駅の地平ホーム化、新しい駅ビルや駅周辺の開発が盛りこまれる大規模なものだが、これは国家戦略にもリンクする巨大プロジェクトである。品川駅がどのように変貌していくのか見ていこう。

◉京急品川駅は地平ホーム化がすでに進行中

品川駅にはＪＲ東日本の在来線、ＪＲ東海の東海道新幹線、そして京急電鉄の３社が乗り入れているが、京急電鉄のホームのみ高架線となっている。ＪＲ在来線と新幹線は線路上２階部分にコンコースや改札が設けられている一方、京急電鉄は２階がホームだ。

現在、在来線改札内コンコースと京急線横浜、羽田空港方面のホームに乗り換え改札があり、同一フロアでの移動が可能だが、京急線泉岳寺《せんがくじ》方面の列車に乗り換える場合、階段やエスカレーターなどで、上り線ホームに移動する必要があり、利便性に課題を抱えている。京急品川駅の地平ホーム化はこの課題解消が目的となっており、**ＪＲ線と同じ構造とすることで、改札内外において、同一フロアでの乗り換えが可能**となる。

京急品川駅地平ホーム化の手順

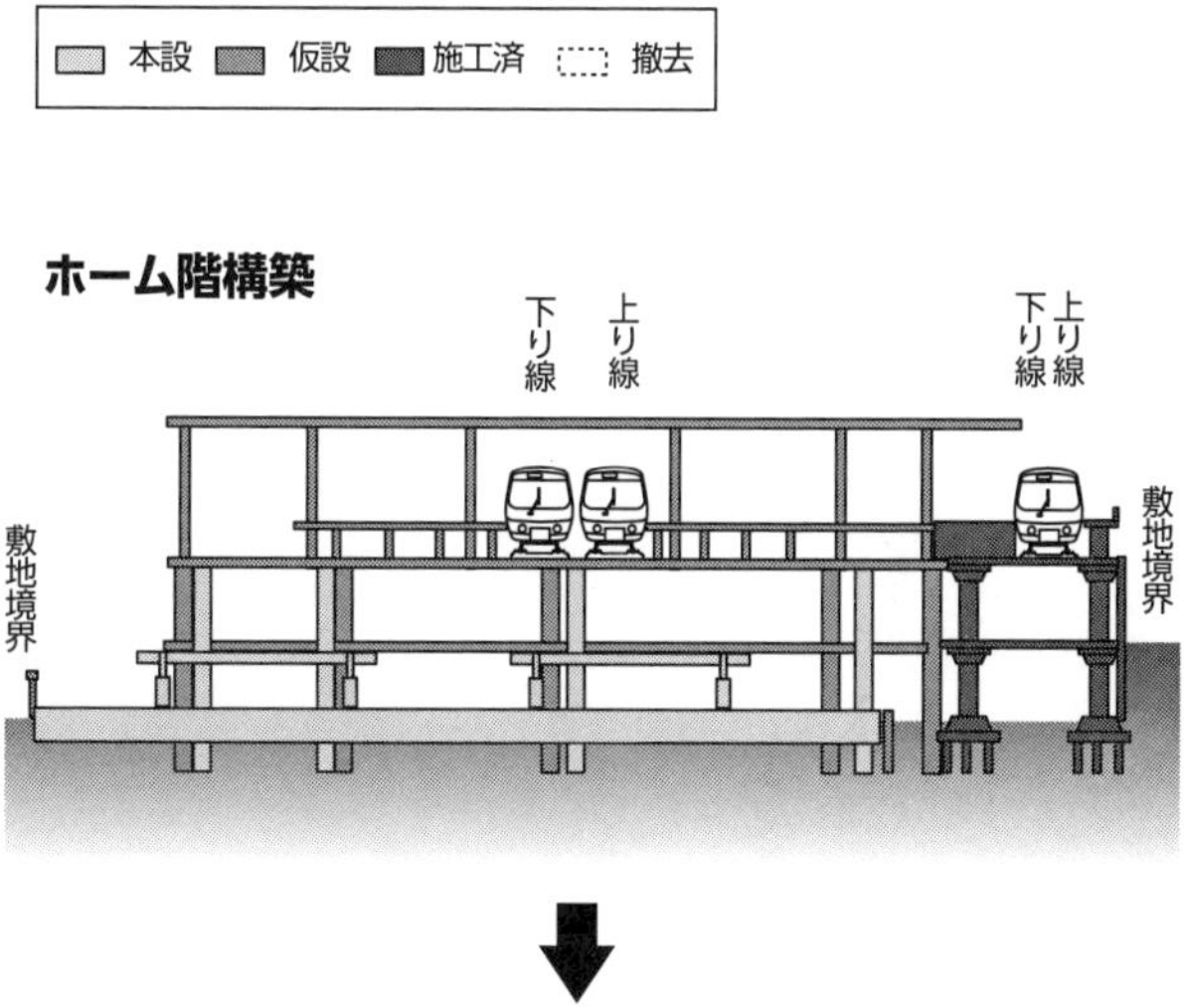

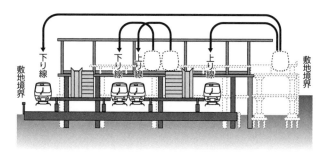

現状の3番線以外の高架橋を仮設構造に作り替えたのち、
仮設高架橋の下に新ホームを建設し、線路を地平化する。
その後、仮設高架橋を撤去し、コンコースを建設する流れとなる

＊東京都 港区 品川区 京浜急行電鉄株式会社「京浜急行本線（泉岳寺駅～新馬場駅間）連続立体交差事業及び工事の概要」を参考に作成

また、現在の京急品川駅は2面3線だが、西側の1線は泉岳寺駅方向に接続しない折り返し構造となっているため、線路容量に余裕がない。これが地平ホーム化により島式ホーム2面4線となる。4線すべてが泉岳寺駅方面へ直通可能な構造となることで、より柔軟なダイヤへの対応が可能となるだろう。

さらに京急電鉄では品川駅と北品川駅の間に踏切があり、大きな交通障害となっている。今回の地平ホーム化工事に合わせ、この部分の立体交差化も行なわれる。

品川駅の地平ホーム化は2027(令和9)年度、立体交差化は2029(令和11)年度までに完成の見込みだ。

◉国道15号線上空には巨大デッキが出現

京急電鉄の地平ホーム化だけでもかなりのインパクトだが、品川駅再整備計画のコアとなるのは高層ビル建設と高輪《たかなわ》口の駅前を走る国道15号上空へのデッキの建設である。

高層ビルはJR東日本が地上28階・地下3階、京急電鉄が地上28階・地下2階と地上9階・地下1階の2棟、合計3棟ものビルが一挙に建設される。

いずれのビルも、地平ホーム化される京急電鉄の上空に建設され、オフィススペース、商業施設、ホテル、コンベンション施設などの入居が予定されている。

再整備後の品川駅周辺のイメージ

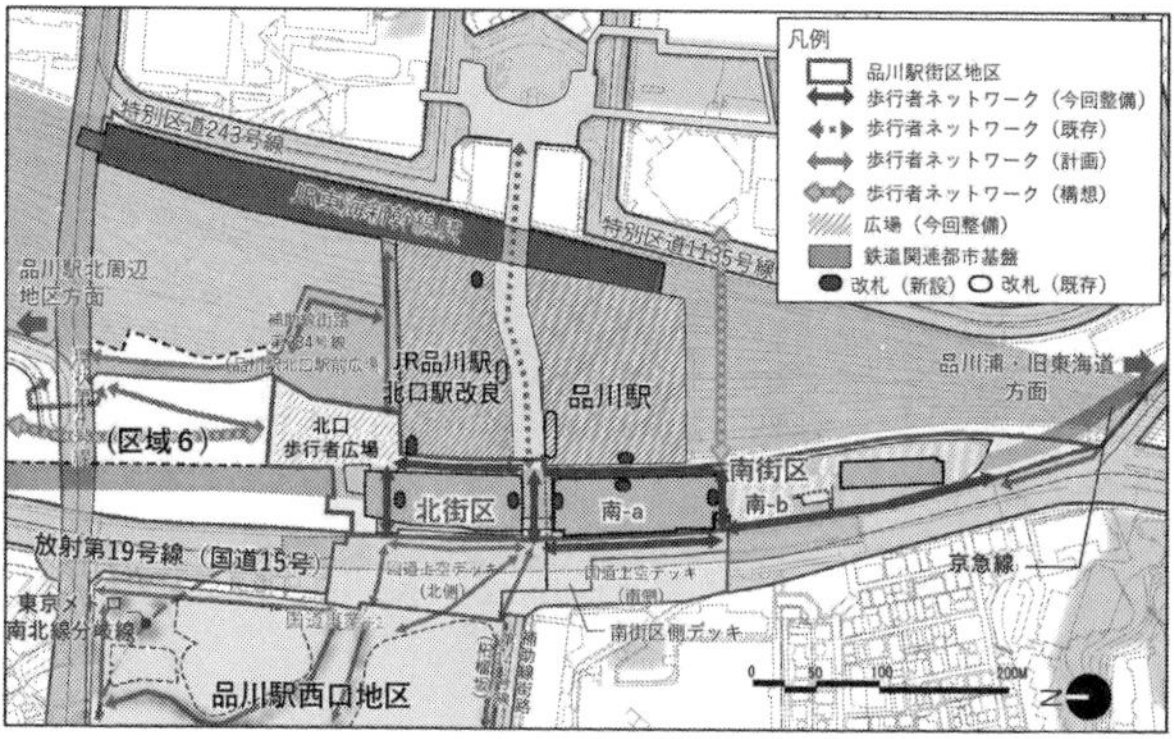

＊京浜急行電鉄株式会社、東日本旅客鉄道株式会社「都市再生特別地区（品川駅街区地区）都市計画（素案）の概要」より

東海道新幹線品川駅開業以降、ビジネス街として発展してきた品川駅の規模がさらに大きなものとなるとともに、新たな商業施設やホテルなど、品川駅の賑わい創出に期待がかかる。

そして、国道15号上空へのデッキは人工地盤を用いた広大なもので、駅構内からのコンコースからの平面移動が可能となり、このデッキ上は一部タクシー乗り場が設置されるほかは歩行者に優しい空間となる。

バス乗り場などはすべて、この国道デッキの階下に集約され、さらに、国道15号を挟んだ西側へはバスターミナルの建設も検討されており、**品川駅の交通拠点としての機能が一層強化される**見込みだ。

さらに構想では、その広大な駅前広場の移動を支援するものとして、1人乗りの電動車両の導入なども検討されており、次世代都市を体現するものとなっている。これら品川駅の新しい姿は2030年代中ごろにはお目見えしているだろう。

◉JR東日本が手がける「新たなまちづくり」

品川駅に建設される3棟のビルのうち、JR東日本が建設するものは一番北に位置する。そのビルと併せて、JR東日本は品川駅北口を新設し、その外側には北口歩行者広場が設けられる。これまでの品川駅は、東西へのアクセスのみだったが、新たに駅北側へのアクセスが可能となる。そして、その北側にあるのが、JR東日本が手がける「高輪ゲートウェイシティ」である。

JR東日本肝入《きもい》りともいえるこのプロジェクトは、高層ビル4棟の建設を含み、その名のとおり「新しいシティ＝まちづくり」と呼べるほど大規模なものだ。この地域には高輪ゲートウェイ駅が建設され、都営地下鉄・京急電鉄泉岳寺駅にも隣接しているが、品川駅北口が完成すると、高輪ゲートウェイのもっとも南の区画との距離は500mにも満《み》たない。

品川駅北口から高輪ゲートウェイへは快適な歩行者空間の整備が計画されており、**高度な交通結節機能を有する品川駅との一体化は高輪ゲートウェイの価値をさらに向上させる。**JR東日本の品川駅北口の新設には、そうした狙いがこめられていると考えるのが自然だろう。

◉さらなる新線開業で、東京最大の交通の要衝へ

建設が遅れているリニア中央新幹線だが、その起点はこの品川駅である。開通時期の見通しは立っていないが、ここまで工事が進んだリニア中央新幹線をいまさら中止するという選択肢は考えづらく、将来、品川駅は東海道新幹線とリニア中央新幹線の駅として、ＪＲ東海にとってもっとも重要な拠点となる。

そして、東京メトロ南北線が白金高輪《しろかねたかなわ》駅から品川駅へ延伸されることが決定され、２０３０年代が開業目標とされている。南北線により六本木や国会議事堂へのアクセスが強化されることで、観光にビジネスに、品川駅の交通拠点としての機能はさらに強化される。

このように品川駅で巨大なプロジェクトが同時進行で行なわれるのは、国家戦略にも合致《がっち》するためである。それは、この整備事業が内閣府直属の国家戦略特別区域会議のもとに設置された東京都都市再生分科会にて決定されていることからわかる。

品川駅は京急電鉄により羽田空港と直結し、都営地下鉄、京成電鉄を経由して成田空港とも結ばれている。こうした空港との良好なアクセス、新幹線とリニアという高速鉄道網、ＪＲ東日本の首都圏をカバーする在来線が発着する駅であり、東京の南玄関口となるには十分過ぎる材料がそろっている。

いわば、品川駅は諸外国に東京をアピールする「ショーケース」的な役割を担い、この整備

事業でそれに見合う設備が建設されるというわけだ。

乗換駅から拠点駅へ。新大阪駅再整備プロジェクトの全容とは

東海道新幹線、JR京都線、大阪メトロ御堂筋《みどうすじ》線など、多くの路線が乗り入れる新大阪駅は大阪の一大ターミナル駅であるが、都心部の梅田や、難波(なんば)といったターミナル駅に比べると、駅周辺の開発が進んでいるとはいえない。

1964(昭和39)年の東海道新幹線開業と同時に開設され、60年近くの月日が流れているが、これまで周辺開発が進まなかったのはなぜだろうか? また今後、新大阪駅はどのように変わっていくのだろうか?

◉長年にわたり「日陰の存在」だった新大阪駅

大阪の中心地である梅田に位置する大阪駅ではなく、微妙に離れた場所にある新大阪駅が東海道新幹線の駅として選ばれた理由は以下の3点だ。

①大阪駅周辺の梅田地区は建物が多く用地確保が難しかった

②山陽新幹線の延伸計画があり、大阪駅経由だと淀川《よどがわ》を2回渡る必要があった
③新大阪駅周辺には北方貨物線が通り、のちの山陽新幹線延伸の用地確保に適していた

新幹線の駅名で「新」がつく場所は、市内中心地から離れた場所にあることが多く、新横浜駅も現在の「新横浜都心」と呼ばれるような状況は想像できないほど、かつては駅の周囲が閑散《かんさん》としており、新大阪駅も同様に、開業当初の駅周辺は田畑が見えるような場所だった。

もともと新大阪駅からわずか0・7㎞しか離れていない東淀川駅が新幹線駅として想定されていたところ、前述の3つめの理由にある北方貨物線上にあったほうが山陽新幹線延伸時に好ましいという理由で新大阪駅が設置された。この際、東淀川駅の廃止が検討されたが、地元の反対で存続し、現在に至っている。

また、開設当時の新大阪駅は、特急列車が停車せず、のちに運行が開始された新快速も停車しないような扱いであった。これは大阪駅までわずか1駅、普通列車でも5分程度といった距離の近さのため、速達列車の必要性がないこともあるが、新大阪駅に求められていた機能が単純に大阪市内中心地への乗り換えのためだけだったといえ、そもそも駅周辺開発への意欲が乏《とぼ》しい場所であった。

その状況に変化が見えるようになるのは国鉄時代の末期である。まず、1985（昭和60）

年、新快速が停車するようになり、1987（昭和62）年の国鉄分割民営化後、JR西日本は在来線に「京都線」の愛称をつけ、関西圏の鉄道ネットワークを強化。特急「くろしお」などが乗り入れを開始し、単なる大阪への乗換駅から、関西一円への玄関口として、新大阪駅のハブ機能を大幅に向上させた。

このように駅の機能は大幅に強化され、駅周辺にはオフィスビルやビジネスホテルが立ち並び、開業当初からずいぶんと様変わりしたが、それでも駅周辺には大規模な商業施設はなく、新大阪駅の存在の大きさを考えると、十分な都市機能を持ち合わせているとはいえない。

また、新大阪駅が伊丹《いたみ》空港に近く、**航空機の着陸ルートに位置するため建物の高さは130m以下に制限されており、駅周辺に超高層ビルを建設することができない**ということも、開発が進まない理由の1つと考えられる。

◉開発のキーワード「分断の克服」とは

新大阪駅が抱える問題は以前から認識されており、2018（平成30）年、日本プロジェクト産業協議会（JAPIC）によってこの問題が検討された。そこで比較対象として挙げられたのが、東海道新幹線でつながる品川駅と名古屋駅である。これらの駅は、将来的にはリニア中央新幹線の核となる駅という共通項がある。

品川駅は前項でも述べたとおり、国家戦略特区に指定され、都市再生認定事業の一環として規制緩和や優遇措置を受け、高輪ゲートウェイなど駅周辺の開発が進んでいる。そして、名古屋駅も同様に特定都市再生緊急整備地域に指定され、都市機能が十分に充実し、さらに開発が進んでいる。

一方、新大阪駅はこれらの政策の対象外で、多少駅周辺の開発は進んだものの、根本的に乗換駅としての役割を脱却しておらず、大阪の玄関口として物足りない状態が続いてきた。しかし、将来的にはリニア中央新幹線や北陸新幹線の開業が予定され、現在建設中の「なにわ筋線」により関西空港へのアクセスは向上し、新大阪駅の役割が増大する見込みである。

これを受け、２０１８年に新大阪駅周辺地域は都市再生緊急整備地域の候補となり、２０１９（平成31）年1月には都市再生緊急整備地域検討協議会が設立され、官民が協力してまちづくりの方向性について議論を重ねた。そして、２０２２（令和4）年には新大阪駅周辺地域が正式に特定都市再生緊急整備地域に指定され、２０４０年までに西日本の交通ハブとしてまちづくりを進める計画が策定されるに至った。

しかし、新大阪駅の将来において大きなウエイトを占《し》めるリニア中央新幹線と北陸新幹線の開業時期が不透明であり、新大阪駅周辺開発の具体的な計画はまだ確定していない。それでも、まちづくりの大枠の方向性は定まっており、「分断の克服」が重要視されているが、その分断には2つの側面がある。

1つめは「**鉄道による分断**」である。新大阪駅周辺は新幹線とその高架下に北方貨物線、宮原総合運転所があり、これらが新大阪駅周辺地域を南北に分断している。そして、新大阪駅の東側には新御堂筋と大阪メトロ御堂筋線、西側にはJR京都線がそれぞれ南北に走り、これらが町を東西に分断している。新大阪駅周辺はこれら鉄道路線などにより6つの地域に細かく分断され、駅周辺の整備にあたり大きな制約が課せられている。

2つめが「**淀川による分断**」である。新大阪駅と大阪最大の繁華街、梅田地区の間には淀川が流れており、梅田周辺で進む再整備事業の波及効果を新大阪駅周辺にまで拡大させることができない。

このような分断の課題解決のため、3つのアプローチが検討されている。1つめは新幹線改札がある3階から、分断された6つの地域への直接的なアクセスとして低層階に空中通路を設け、駅と街が一体となった空間を形成するというもの。民間投資などが見込めれば、バスタ新宿のように、人工地盤を設け、新大阪駅周辺全体を底上げするといった大規模なものも検討されている。

2つめに阪急電鉄が計画する新大阪駅と十三《じゅうそう》駅を結ぶ「**阪急新大阪連絡線**」による分断の軽減である。新大阪駅周辺では御堂筋線とJR京都線で東西が分断されているが、東西方向に地下を走る阪急新大阪連絡線が開通すれば、東西の流動を向上させることができる。

そして3つめが淀川沿いの自然空間を活かし、遊歩道や歩行者用の動線を整備して、淀川をポジティブに利用しようとするアプローチである。

このように新大阪駅の分断を解消することで、新たな魅力あるまちづくりを実現することが目標に掲げられている。

◉新大阪駅の再整備における問題点とは

新大阪駅周辺の再整備計画は新しく開業する鉄道路線と密接にリンクしているが、どれも実現までのロードマップが明確ではない。リニア中央新幹線は大井川の水問題により遅れており、2027（令和9）年の品川〜名古屋間の開業が延期されることが発表され、それは新大阪駅への建設の遅れにまで波及する。

北陸新幹線も京都府内での反対運動により環境アセスメントが行なえず、建設スケジュールが崩れている。そして、阪急新大阪連絡線は阪急電鉄トップが建設するという方向性を示したに過ぎず、まだ具体的なことは何も決まっていない。

ただし、**なにわ筋線や阪急新大阪連絡線は、鉄道会社の施策であると同時に、大阪市や大阪府にとっても重要なプロジェクト**であり、それは新大阪駅周辺の再整備と大阪の都市発展に貢献するものと期待されている。

まずは2025（令和7）年の大阪万博に向けて新大阪駅をショーケースとして活用し、民間投資を呼びこむことを目指しており、その後、2本の新幹線の建設、ホームの位置が確定次第、駅周辺の再整備に取りかかるとされている。

この再整備プロジェクトは巨大で、少なくとも20年の期間が必要と考えるが、新大阪駅の役割は今後も大きくなることは間違いなく、その駅周辺は大きく様変わりするだろう。

JR北海道の期待を背負う札幌駅の再整備に暗雲が漂う理由

北海道新幹線は現在札幌駅までの延伸工事が行なわれており、2030（令和12）年度末までの開業が予定されていた。しかし、札幌五輪の2030年招致見送りにともない、北海道新幹線札幌開業の時期も延期される見込みである。

現在、各所で新幹線駅建設にともなう駅周辺の再整備が行なわれているが、札幌駅の周辺整備は桁違《けたちが》いに大きく、JR北海道の未来を左右するほどの大事業である。

北海道新幹線開業で札幌駅がどう変わるのか。また、北海道新幹線札幌開業延期が与える影響を見ていこう。

◉札幌を代表する商業集積地「サツエキ」

現在の札幌駅南側には「ステラプレイス」と呼ばれる商業施設、その両側に大丸百貨店と38階建ての高層ビル「ＪＲタワー」が立ち並ぶ。札幌で「ＪＲタワー」といえば、一般的にはこの高層ビルを指すが、ステラプレイスや大丸百貨店、さらに２０２３（令和５）年８月まで営業していた駅ビル「札幌エスタ」までをＪＲタワーとして商業展開しており、これらの商業施設はすべてＪＲ北海道グループが保有、管理している。

このＪＲタワーが立つ場所は本来新幹線ホームを建設するために確保されていたといわれているが、新幹線を待つことなく商業施設が建設され、２００３（平成15）年にＪＲタワーが完成した。その結果、**新幹線ホームは大きく東側にずれた場所に建設される**こととなる。

北海道新幹線のホームになるべき場所に商業施設を建設したことについて否定的な意見も聞かれるが、ＪＲタワーの建設により、札幌駅南口は通称「サツエキ」と呼ばれる商業集積地として、大通りや「すすきの」と並ぶ札幌の中心街としての発展に大きく貢献した。また、ＪＲタワーを管理するＪＲ北海道グループの札幌駅総合開発は大きな利益を上げ、鉄道事業の赤字縮小に貢献する優良企業となっている。

鉄道事業で慢性的な赤字を計上しているＪＲ北海道は不動産業や小売業など、鉄道外事業での収益確保が至上命令であり、新幹線を待たずしてＪＲタワーを建設したことで、赤字幅を多少なりとも縮小したといえる。

◉在来線への乗り換えの利便性は?

ＪＲタワーの建設により、札幌駅の新幹線ホームの用地が失われ、札幌駅では大きな改修が必要となった。

まず札幌駅のホームで一番南側に位置する1番線は閉鎖された。新たに北側には11番線が新設され、在来線ホーム全体が1線分北へとシフトした。

そして、1番線があった場所は新幹線が在来線ホームの横を抜けていくためのスペースとなり、新幹線ホームは現在の札幌駅の東側に相対式ホーム2面2線で建設される。10両編成の新幹線が停車する長いホームということもあり、そのホームの東端は札幌駅東側を流れる創成川《そうせいがわ》を越えた向こう側にまで及ぶ。

さらにいえば、そのホームの先には札幌車両基地と保線基地が設けられるため、新幹線の高架線は隣の苗穂《なえぼ》駅手前にまで続くことが公表済みだ。

このように新幹線ホームが東側へずれたことにより、在来線ホームとの距離が離れてしまう問題はいかんともしがたい。東北・北海道新幹線で運用されるＥ５系・Ｈ５系10両編成の全長は２５０ｍ以上に及び、**札幌方先頭車両から在来線への乗り換えは３００ｍほどの移動を要す**

る。しかも、現在の編成では、在来線ホームからもっとも遠い位置にある車両は最高級のグランクラス、その手前がグリーン車とあって、高い料金を払っている乗客を、より歩かせてしまうレイアウトである。

こうした乗客への利便性を極力損なわないために、ホームには動く歩道を設け、新幹線ホームに隣接し、新たに建設される駅ビル直結の改札口が設けられる。札幌駅で下車する乗客であれば、そこまで不便を感じないような構造とも考えられる。

◉サツエキエリアの拡大で鉄道外事業の増収も期待

北海道新幹線札幌延伸でもっとも注目を集める事業が新幹線ホームに隣接する新しい駅ビルの建設である。2028(令和10)年度完成予定のこのビルは、地上43階建て、高さ245mとJRタワー173mを大きく超え、北海道のみならず、首都圏、関西圏を除けば、もっとも高いビルとなる予定だ。

ビル内は商業施設、オフィス、2つのホテルが入る予定で、そのうちの1つのホテルはマリオットインターナショナルと提携する、札幌でも最上級クラスのホテルになる予定だ。訪日外国人の富裕層の受け皿として、札幌駅で新たな価値観を提供できる場となるだろう。

そして、この高層ビルの1階から3階にかけて新幹線改札真正面にあたる場所にアトリウム空間が設けられる。新幹線で下車した乗客を迎える札幌の玄関口として、開放感あふれる新しい札幌駅ビルの象徴的な場所となる。また、この場所は先ほどの新幹線ホームの不満を解消する存在としての期待もかかる。

この駅ビルはすでに営業を終了した札幌エスタの用地にまで及び、札幌エスタの下にあったバスターミナルも再整備され、路線バスと高速バスが分離される予定である。さらに、創成川通りの東側、新幹線ホームの東端にも東改札口が設けられ、こちらは札幌市主導で再整備が計画され、タクシー乗り場や自家用車の乗降スポットとして、住民の利便性向上に貢献することだろう。

このように札幌駅は新幹線ホームの建設という大きな節目《ふしめ》に合わせて、札幌駅を地域交通のハブとしてブラッシュアップし、さらにサツエキエリアは大きく東へと拡大する。そして、この**サツエキエリア拡大の主体となるのはＪＲ北海道であり、とくに超高層ビルにおける不動産、ホテル、小売事業拡大への期待は高い**。

北海道新幹線と札幌都市圏以外で鉄道事業での上がり目がほぼ期待できないなか、鉄道外事業の収益増加に大きく貢献できそうなサツエキエリアの拡大、その核となる新駅ビルはＪＲ北海道の期待の星である。

◉北海道新幹線の札幌開業延期が及ぼす影響は?

北海道新幹線は2030年度末までの開業が予定されていた。これは2030年の招致を目指していた札幌冬季五輪に間に合わせるためと考えられるが、札幌市が2030年の五輪招致を見送った。北海道新幹線は羊蹄《ようてい》トンネルなど難所の工事に遅れが生じており、またインフレ、円高による建設費の上振れもあって、もともと2030年度末の開業がかなり厳しい状態であった。

札幌五輪の招致見送りにともない、2030年度末までに必ず開業する必要がなくなったため、一度仕切り直しということになるが、北海道新幹線の2030年度末の開業前提で各方面が動いていたため、その影響はかなり大きなものとなる。

まずは北海道新幹線そのものの収益である。運行本数、所要時間が確定しない現在、北海道新幹線が東京~札幌間でどの程度のシェアがとれるのか不透明だが、現在の新函館北斗駅乗り換えよりも圧倒的に速くなる。現在よりも収支が悪くなることは考えづらく、その分が見込めなくなる。

そして、北海道新幹線開業と同時に経営分離できる並行在来線を北海道新幹線開業まで維持する必要がある。函館本線の函館駅から小樽駅までの2022年度の損益は91億円以上に上り、これが延期された年月分だけのしかかってくる。

さらに、札幌の新駅ビルなど駅周辺再整備事業だが、その進捗《しんちょく》状況によっては北海道新幹線抜きで開業することになる。北海道新幹線の乗降客を主体に計画されており、それは駅ビル全体の収支などに影響を及ぼす可能性が高い。ほかにも倶知安町《くっちゃんちょう》など、**北海道新幹線の駅の開業とともに、町の整備事業を行なっているところもあり、こうした自治体への影響も小さくはない。**

そして、ＪＲ北海道は２０３０年度中の北海道新幹線札幌延伸開業を機会に収支を好転させ、２０３１（令和13）年度には経営自立の道筋をつける中長期計画を立てている。これも北海道新幹線の札幌開業が大前提であり、この延期で計画の見直しが必至であろう。

北海道新幹線の札幌延伸の開業時期は不透明な状況だが、遅れれば遅れるほど、ＪＲ北海道の経営を大きく圧迫する。早急に道筋をつけ、新たなロードマップを示す必要がある。

沿線自治体の悲願、東海道新幹線「相模新駅」実現の可能性は？

東海道新幹線の新横浜～小田原間は駅間距離が51・２㎞と、米原～京都間の68・１㎞に次いで長く、このため、神奈川県中央部では「相模新駅」または「倉見《くらみ》新駅」と呼ばれる誘致活動が50年ほど前から行なわれている。

東海道新幹線が１９６４（昭和39）年に開通して以降、神奈川県内の中央部の人口が急増し、新横浜駅と小田原駅の間で駅の設置が検討されるようになり、1975（昭和50）年に「東海道新幹線仮称相模新駅協議会」が設立され、新駅の誘致活動が具体化した。

1990（平成2）年には、リニア中央新幹線の山梨実験線が完成、将来的に中央新幹線の営業線に転用され、東海道新幹線の役割が変わることが見込まれると、新駅誘致の機運が高まった。

その後、神奈川県中央部の複数の市町で新駅の誘致合戦が始まったが、1996（平成8）年に「神奈川県東海道新幹線新駅設置促進期成同盟会」として一本化。1997（平成9）年、相模線との交差地点であり、南北方向からのアクセスが容易な場所として寒川町《さむかわまち》倉見地区が新駅の設置場所として決定された。

◉新駅設置と同時に打ち出されたツインシティ計画

相模新駅の誘致活動を始めたのは寒川町とは相模川を挟んだ西側にある平塚市、伊勢原市、厚木市であった。そこで相模新駅がある寒川町倉見と平塚市大神を結ぶ橋を建設し、これらの地域を一体化し、連携させるまちづくりとして提案されたのがツインシティ計画である。

ツインシティ基本計画は2000（平成12）年に策定され、2002（平成14）年にはより具体的なツインシティ整備計画となり、相模新駅を中心としたまちづくり、交通の要衝《ようしょう》としての

「相模新駅」の建設候補地

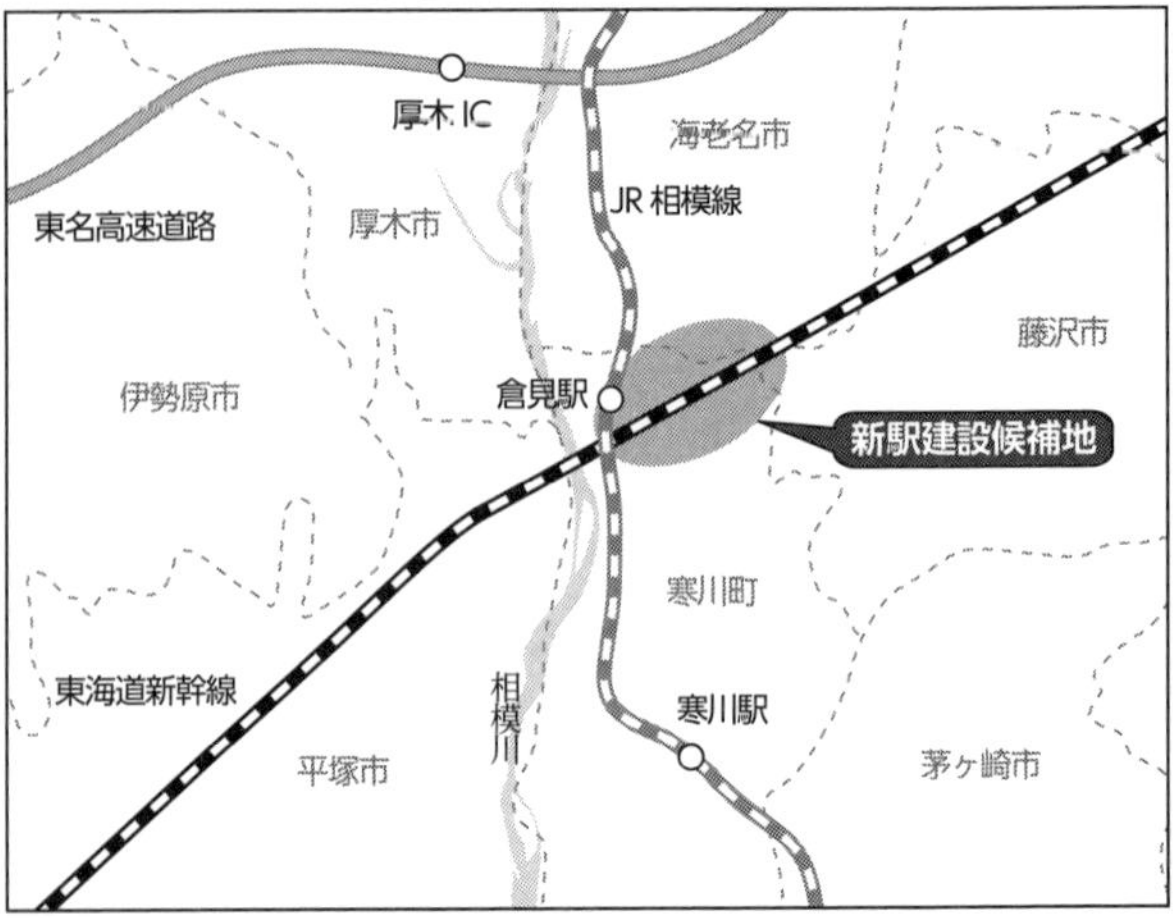

役割が強調された。

そして、新駅の交通結節点としての役割を強化するため、相模線の複線化構想と相鉄いずみ野線の延伸構想が検討された。相模線は分割民営化された1987（昭和62）年の輸送密度9268から、2019（平成31／令和元）年度の29412と大幅に増えたため、地元でも複線化の要望が高まった。

また、相模線の強化はリニア中央新幹線の神奈川新駅が設置される橋本駅との接続強化が目的でもあり、橋本駅を「北のゲート」、相模新駅を「南のゲート」として、相模線を2つの高速鉄道をつなぐルートと位置付けた。

さらに、ツインシティ計画を強化するものとして、相鉄いずみ野線の延伸による東西方向のアクセスの利便性向上が検討された。相鉄いずみ野線の延伸構想は、国土交通省交通政策審議会において、湘南台駅から倉見駅までの区間を「地域の成長に応じた鉄道ネットワークの充実に資するプロジェクト」として位置付けており、単なる構想ではなく、地域の成長に貢献するプロジェクトであるといえる。

◉自力では解決不可能な課題が山積み

しかしながら、この新駅構想は多くの問題を抱えている。

まず1つめにツインシティ計画の進捗状況の遅れである。大神地区は新しいまちづくりが進行中で、「THE OUTLETS SHONAN HIRATSUKA」の開業などがあり、周辺には物流倉庫も誘致されている一方、駅の設置場所となっている倉見地区は大幅な遅れを抱えている。

また、ツインシティ橋の建設もいまだに実現しておらず、計画策定から20年以上が経過しているが、ほとんど進展が見られていない。

2つめの問題は相模線の複線化における建設費である。2014（平成26）年度の構想では、複線化の長期計画が策定され、建設費が第1ステップの7駅における交換設備の新設で172億円、第2ステップの部分複線化で330億円、第3ステップの全線複線化で430億円と試算され、総額で1000億円とした。

しかし、これらの建設費は現在のインフレや円安を考慮しておらず、かなり上振れする可能性が高い。また、**東海道新幹線やリニア中央新幹線はともにＪＲ東海の路線であるため、ＪＲ東日本の協力を得るためには具体的なメリットを提示する必要**がある。

3つめに、相鉄いずみ野線の延伸に関しては交通政策審議会の答申に含まれているとはいえ、事業性に課題があるため、新たなまちづくりや広域交通の拠点整備を行ない、事業計画について検討するように求められている。

これはまさにツインシティ建設と相模新駅の実現だが、ツインシティ計画は大幅に遅れており、相模新駅の建設といずみ野線の延伸は互いに依存関係がある卵と鶏《にわとり》のような関係であり、大規模なプロジェクトを同時進行させる難しさがあることが指摘されている。

4つめに、ＪＲ東海は現時点での新駅設置に否定的であり、リニア中央新幹線の開業後、ダイヤ構成に余裕が生まれれば、新駅設置検討の余地があるとの立場である。このため、相模新駅の実現にはリニア中央新幹線開業が前提となるが、現時点でその開業時期はまったく不透明である。

5つめの問題として、建設事業費の算出が難しい点だ。ツインシティ計画、相模線複線化、いずみ野線延伸と、何ひとつ決まっていない状態では全体像もはっきりとせず、建設事業費の算出そのものが不可能である。

東海道新幹線の新駅として新富士駅の事例を参考にすると、当時の事業費は１３２億８６５

2万円で、国庫補助金は1億7575万円に過ぎなかった。相模新駅の建設費用は非常に高額なものとなり、また**新富士駅の事例は35年前のものであることから、現在の建設費用はさらに大きなものになる**だろう。

さらに、相模新駅だけでなく、相模線の複線化やいずみ野線の延伸にかかる費用も考慮する必要があり、これらの高額な費用をどのように捻出《ねんしゅつ》するか、神奈川県や沿線自治体が負担を許容できるのかについて、賛否が分かれるところだろう。

新富士駅の建設事業費負担割合

財源内訳	金額
富士市負担金	64億4,835万円
静岡県補助金	30億3,567万円
企業・団体・個人寄付金	29億575万円
関係市町村負担金	7億2,100万円
国庫補助金	1億7,575万円

＊『新富士駅設置までの歩み』
富士市役所総務部企画課、1989年3月より

そして、最後に、本当にこの駅には需要があるのかという根本的な問題がある。新駅設置促進期成同盟会の資料によれば、新駅開業時には1日あたり約1万1000人の利用者が見込まれ、開業10年後には約1万4200人と試算されているが、この数値は10年以上前の統計からの推定であり、コロナ禍による需要の減少など、現在では根拠の弱い数値となっている。

さらに、新駅の利用者分布圏域が広範囲にわたり、競合する駅もあることから、新駅が利用者を確保できるかどうかについては不透明な点が多いとされており、開業後、列車がどの程度

停車するかも利用者の選択に影響を与える可能性があるため、より慎重な検討が必要である。

問題が山積みの新駅構想だが、プラス要因もある。いずみ野線が延伸されれば、東京への通勤需要の大半は相鉄が担うだろうが、**着席保証のある新幹線通勤需要の誘発も期待される**。またリニア中央新幹線の開業後、東海道新幹線は近距離輸送により重きを置き、ＪＲ東海は通勤客の市場開拓に積極的に取り組む可能性も十分に考えられる。

このような需要の増加により、新駅周辺の地域が発展し、ベッドタウンとしての新たな開発が進む相乗効果や、小田原からも新横浜からも微妙な距離にあった丹沢大山《たんざわおおやま》、鎌倉、江ノ島といった観光地が近くなるというメリットもある。もちろん駅からの二次交通の整備が不可欠だが、そうした観光需要も見込まれる。

これらの実現がまさに交通政策審議会で指摘されている「需要の創出につながる新たなまちづくりや広域拠点整備の取り組み」の課題解決であり、ここまでのグランドデザインができれば、実現の素地《そじ》が整ったといえる。

ただし、自治体がコントロールできるのはツインシティ計画のみで、新駅設置には複数の不確定要素が絡むため、その実現には時間とさらなる検討が必要である。とくにリニア中央新幹線の開業が現実味を帯《お》びない限り、この構想の推進は難しく、地元自治体にとってはもどかしい日々がしばらく続きそうだ。

松山駅の高架化で松山市内の勢力分布図は変わるのか？

ＪＲの駅が町の中心から外れているケースは全国で見られるが、愛媛県の松山駅もその１つであり、松山の中心地は伊予鉄の松山市駅周辺である。

しかし、ＪＲの松山駅では現在連続立体交差事業が行なわれており、駅周辺の再整備計画も進行中だ。これにより松山駅周辺がどう変わるのか、考察してみよう。

◉松山駅の立体交差事業とは

松山市は人口約50万人を擁《よう》する四国最大の都市だが、その玄関口となる松山駅は車両基地と貨物駅が併設される地上駅だったため、その広大な敷地が町を分断し、駅周辺での踏切で交通渋滞を引き起こしていた。立体交差事業はそのような状態を解消するために、ＪＲ予讃《よさん》線松山駅の前後約２・４㎞を高架化するというものである。

事業は愛媛県が主体となり、総事業費は約５８０億円。国が約２７２億円、県が約１８４億円、松山市などが約57億円、その他が約67億円という負担割合である。この事業により松山駅は高架化され、周辺の踏切８か所が撤去され、東西のクルマでの移動がスムーズになる。車両基地や貨物駅も南に移設され、新しい高架駅は島式ホーム2面4線構造となる。

松山駅周辺の連続立体交差事業には、**伊予鉄道の路面電車、いわゆる「市内線」への乗り換え利便性向上**が大きな目的の1つとなっている。

現行のJR松山駅前電停は道路上にあり、利用者が駅前広場を通り、道路を横断するか地下道を通る必要があり、不便さが指摘されていた。

この問題を解消するために、立体交差事業では当初、路面電車の高架下への引きこみと、駅の西側約700mの延伸が盛りこまれた。これにより、駅前広場での乗り換えの利便性と、駅の西側から東側の市街地中心までのアクセスを向上させるというものである。

しかし、路面電車の高架下への電停設置案は、市内線がスイッチバックとなり、運行のネックになる点などが伊予鉄道や検討委員から指摘され、最終的には電停を駅前広場に設置し、既存の市内線大手町方面と延伸部分を分岐させる構想に変更された。駅前広場の整備については現時点では詳細が明らかにされていないが、立体交差事業の完成にともない、具体的な計画が進んでいくだろう。

さらに、路面電車には将来的に松山空港までの延伸も視野に入れられている。費用便益比の観点からまだ構想は具体化していないが、伊予鉄グループと松山市は将来的な実現を検討している。

◉松山市駅も大きく生まれ変わる

松山駅から約1・5㎞離れた場所にある松山市駅でも再整備計画が進行中だ。松山市駅は伊予鉄道の市内線と、郊外線と呼ばれる電車路線が発着する、伊予鉄グループの本拠地ともいうべき場所で、多くのバス路線も集結する松山の交通のハブである。

しかし、松山市駅では路面電車の電停が道路の真ん中に位置するため、利用者は横断歩道を渡る必要があり、その横の道路をバス、タクシー、一般車が通り抜けるなど、利便性、安全性などの観点から好ましい状況とはいえなかった。

松山市の計画では、路面電車の電停を電車線ホームが入っている高島屋に隣接した場所に移設し、乗り換えの利便性向上を図る。さらに、軌道線を挟む道路の撤去、歩行者専用空間としての駅前広場の整備、タクシーや一般車の乗降場所、バス乗り場も集約し、交通の利便性を高める方針である。

この工事は事業化され、2026（令和8）年度中の完成が見込まれている。松山市は路面電車を積極的に運用し、コンパクトシティ推進協議会を通じて地域交通の改善を進めており、交通のハブである松山市駅の整備はコンパクトシティ化の肝《きも》ともいうべき施策である。

ただし、**現在の市内の賑わいが松山市駅周辺に偏《かたよ》っており、松山駅周辺の開発も検討されるべきであるとの指摘もある。**実際、松山駅周辺には大きな商業施設も少なく、賑わいに欠ける一方、松山市駅前には髙島屋があり、その東側には銀天街、大街道という商店街が続き、その向こう側には三越もある。

伊予鉄道の創業は1887（明治20）年、鉄道路線の開業は1888（明治21）年と、日本の民営鉄道では南海に次いで2番目に古い歴史を持つ。国鉄が松山に路線を延伸したのは1927（昭和2）年のことであり、その頃には松山市駅を中心にまちづくりが進んでいたため、国鉄を継承したJR四国の松山駅は町外れに位置しているわけだ。

伊予鉄グループは鉄道のみならず、バス、タクシー、不動産、松山市駅に隣接する髙島屋などの小売業、さらには松山空港ビル株式会社まで傘下に収めており、路面電車の空港延伸に伊予鉄グループが熱心な理由はここにある。

このように、松山を発展させ、ともに歩んできた伊予鉄グループの存在は大きく、その総本山とでもいうべき松山市駅周辺が発達しているのは当然で、この状況を劇的に変化させるには、松山駅で相当の投資が必要となる。

◉新しい松山駅はJR四国にとって収益拡大のチャンス

松山駅周辺の開発は松山市にとっての重要施策であり、非鉄道事業の拡大を模索《もさく》するJR四国の考えと一致する。JR四国は松山駅前の所有地を活用し、駅前に新たな商業施設の建設を検討している。

鉄道収益の難しさに直面する状況下で、非鉄道事業の拡大はJR四国にとって重要な課題であり、現在建設中の高松駅ビルと、松山駅の高架化事業における駅周辺の開発はJR四国にとって重要なプロジェクトである。

とくに新しいまちづくりと連携した松山駅周辺開発では、商業設備やホテルなどを新たに建設し、松山の中心地としての存在感を高めることが求められている。ほかの都市の例として、金沢駅や熊本駅のように既存の市街地から離れた駅前の大規模開発が成功し、市内における新たな核となるポジションを確立した前例がある。新しい松山駅はJR四国にとって大きなチャンスといえる。

しかし、金沢駅や熊本駅と松山駅を比較すると、利用者数に大きな差がある。2019（平成31／令和元）年度の1日平均乗車人員を見ると、金沢駅が2万2820人、熊本駅が1万5441人に対し、松山駅は6871人に止まる。**現在の松山は対本州では航空機がアクセスで優《すぐ》れ、四国内でも高速バスとの競合が激しいため、長距離列車の利用者に伸びしろがない。**

四国新幹線が開通すれば状況は変わるだろうが、まだ現実的ではない。つまり、松山駅前にこれからJR四国が建設する商業施設は、鉄道から流れてくる利用者だけでは市場規模に限りがある。

そのため、クルマでのアクセスの利便性を高めた商業施設であることが求められる。実際、JR九州が運営する駅ビル、アミュプラザではこうした施策が垣間《かいま》見え、駅ビルには大型駐車場が備えられ、自家用車での利用をターゲットとして成功を収めている。

◉市内全体の未来を考えた手綱《たづな》さばきが必要に

日本全体が人口減少社会に突入する現在、松山市も例外ではなく、当然のごとく市場規模も縮小する。そうしたなか、松山駅周辺に大型商業施設を建設するとなると反対の声が予想され、とくに伊予鉄グループが経営する髙島屋をはじめ、松山市駅周辺からの声が大きくなるだろう。

松山市も、過剰な競争で松山駅と松山市駅の共倒れを防ぐ必要がある。また、駅前に大規模な駐車場を備えた商業施設は、クルマの流動を増やし、公共交通の維持、コンパクトシティの施策に反する面も否定できない。

JR四国にとっては**非鉄道事業の拡大が生き残りにかかわる重要な課題であり、松山駅の再整備はその大きなチャンスとなり得る。**松山市も松山駅周辺の活性化は重要課題であり、その利害は一致しているが、それは既存の市街中心地を活かしつつ、という前提がある。

人口減少社会のなか、松山市がどのように松山駅から大手町、松山市駅までの連続した市街中心地を形成し、伊予鉄の路面電車や郊外線、JR予讃線を組み合わせた地域公共交通網を組み合わせていくのか。非常に難しい舵《かじ》取りではあるが、松山の未来を左右する大事なまちづくりを見届けていこう。

県庁所在地・浦和を超え、発展を続ける大宮駅

大宮駅は東北新幹線や上越新幹線など多くの鉄道路線の分岐点として、いまや日本有数のターミナル駅と知られているが、その歴史を振り返ると、ある1つの出来事をきっかけに、現在の地位を確立するに至っている。

また、大宮の発展の陰には常に浦和の存在があった。そんな大宮駅が巨大ターミナル駅になるまでの経緯、大宮と浦和の関係について見ていこう。

◉「駅設置の必要がない場所」から「鉄道のまち」へ

大宮という名前は、武蔵国の一宮である氷川《ひかわ》神社を指し、「大いなる宮」に由来することから

わかるように、もともとは門前町だった。そして江戸時代には、中山道の宿場町として栄え、明治の世になるとともに「大宮県」が設置されたが、県庁は暫定的に東京に置かれ、その後浦和に移され、名前も「浦和県」になってしまった。

これが現在の埼玉県の原型であり、こうした経緯から大宮と浦和の関係は微妙で、両町にあるライバル関係はこの頃からあったわけだ。

そして１８８３（明治16）年、日本鉄道が現在の東北本線、高崎線にあたる上野から熊谷までの鉄道路線を開通させたが、その際、大宮には駅が設けられず、浦和に駅が建設された。県庁所在地の地位を失ったことで、大宮の人口は減少し、駅を設ける必要がないと判断されたためだ。

そんななかでも、のちの大宮町長である白井助七《しらいすけしち》を中心とした大宮の有志は大宮駅の設置運動を続け、ついに絶好の機会が訪れた。それは東北本線建設にともなう分岐駅の建設である。

当時、日本鉄道は東北と新潟への路線延伸を進めており、大宮は熊谷、浦和とともに路線の分岐点の候補地に選ばれた。その結果、大宮は宇都宮への最短ルートとしての優位性を示し、分岐点として選定され、１８８５（明治18）年に待望の駅が誕生した。これがその後の大宮の繁栄における大きなターニングポイントである。

そして、１８９４（明治27）年に日本鉄道によって大宮に工場が建設され、鉄道の町として成長。国有化後も大宮駅は国鉄の12か所の鉄道の町の1つとして発展し、昭和に入っても新たな鉄道路線の開業により、その重要性は増す一方であった。

とりわけ大きな出来事は、1982（昭和57）年の東北新幹線と上越新幹線の開業である。当時、上野～大宮間で建設反対運動があったため、大宮駅が新幹線の暫定的な始発駅となったが、これで大宮駅の名前は全国的な注目を集めることになった。

新幹線建設にともなう反対運動では、解決の条件として埼玉新都市交通ニューシャトルと埼京線の建設が行なわれ、これらも結果的に大宮のターミナル駅の機能を一層強化することとなった。埼京線は首都圏でも屈指の通勤路線へと成長し、国鉄を継承したJR東日本にとっても高収益路線となったため、沿線自治体とJR東日本双方にとって大きなメリットとなった。

その後、湘南新宿ラインや上野東京ラインの開業により、大宮駅の重要性はさらに大きくなった。また、大宮にはJR東日本の鉄道博物館もあり、大宮の「鉄道のまち」としての歴史をいまも垣間見ることができる。

◉大宮の歴史に欠かせない浦和の存在

前述のように大宮はもともと大宮県の県庁所在地となることが期待されたが、最終的には浦和が県庁所在地に指定されたこともあり、この両市には長年ライバル関係があった。

大宮は鉄道と製糸工場の発展を通じて経済の中心として成長したのに対し、浦和は県庁所在地であったことから行政の中心として機能し、政治の街として発展した。それぞれ強みが異なる両市が合併すれば、より強力な自治体になることは間違いなく、昭和初期から合併が検討されたが、利害が一致せず実現には至らなかった。

そんな状況が変わったのは１９９０年代のことである。東京の一極集中を解決するため、政府が東京の周囲に業務核都市を指定し、浦和と大宮の両市がその地域に含まれ、埼玉中枢都市圏構想が生まれた。また同時期に合併の議論が再燃し、政令指定都市化を目指すべく、議論が具体化。２００１（平成13）年に浦和市、大宮市、与野《よの》市が合併して「さいたま市」が誕生し、２００３（平成15）年には政令指定都市となり、２００５（平成17）年に岩槻《いわつき》市を編入し、さいたま市は現在の姿となった。

また、さいたま市として合併して以降、旧浦和市を行政の中心、旧大宮市を経済の中心、旧与野市を情報発信の中心と位置付けたため、大宮駅周辺はさいたま市の経済の担い手として発展を続けている。駅の乗車人員においても、大宮駅は新幹線の駅ということもあり、ＪＲ東日本で7位にランクされるほどのメガターミナル駅だが、浦和駅は38位に止《とど》まり、大きく水をあけられている。

さらに、２０１６（平成28）年度の経済指標によれば、**大宮駅周辺の事業所数、従業者数、**

商品販売額、売り場面積は高く、とくに卸売業が際立《きわだ》っていることがわかる。浦和駅周辺も小売業において競争力を持っており、商業施設が充実しているが、やはり商業の町として発展してきた大宮の数値には及ばない。ただ、大宮の発展はさいたま市全体の利益につながるため、喜ぶべきことである。

◉首都圏の「北の玄関口」の未来は明るい

大宮駅周辺では大規模な再整備構想として、「大宮駅グランドセントラルステーション化構想」がある。この計画は大宮駅を東京一極集中からのリスク軽減、交通の要衝、広域的な交通ネットワークの拠点と位置付けるものである。

これを受けて、さいたま市では2024（令和6）年度中の事業開始を検討し、具体的には、駅構内の混雑緩和のために新しい東西通路の整備、東口におけるバスターミナルを含む駅ビル建設、東武鉄道野田線のホームの拡張などを盛りこんでおり、**大宮駅はさいたま市のみならず、首都圏の北の玄関口として、さらに大きな役割が期待される。**

また、2024年春、北陸新幹線が敦賀《つるが》まで延伸され、福井まで直接アクセスが可能になり、新たな利用者を引き寄せることが期待されている。将来的には北海道新幹線の札幌延伸、北陸新幹線の新大阪駅延伸といった大事業も控えており、大宮駅の利用者数をさらに増加させることは間違いない。

そして、現在実現に向けて本格化している埼玉高速鉄道の岩槻延伸も大宮駅にとってプラスになる可能性がある。岩槻駅と大宮駅は東武鉄道野田線で接続するため、大宮駅から見ても、新たな広域ルートの整備と捉えることができる。この計画はまだ構想段階にあるが、実現すれば、これも大宮駅の発展に寄与するだろう。

このように大宮駅は今後ますます発展が期待され、ＪＲ東日本などとの協議も進行中である。未来の大宮駅がどのようなターミナル駅へと変貌を遂げているのか？　その姿をいまから楽しみに待ってみようではないか。

6章

熾烈な生存競争が始まった
公共交通の行く末

鉄道は公的インフラとなる？ 国鉄でも民鉄でもない「鉄道のあり方」

現在、日本各地で存廃も含めたローカル線問題が浮上し、今後の地域公共交通のあり方が問われている。これまで大半の鉄道は民間企業による独立採算制で維持されてきたが、路線単体の収支だけで存廃を決めてよいのか？ という見方もされるようになってきた。

鉄道の価値が再定義されようとする現在、これから鉄道を維持していくことは可能なのだろうか。

◉JR北海道とJR四国は、ほぼ「国有」状態

国鉄分割民営化で誕生したJR各社をはじめ、日本の鉄道には独立採算制の民間企業により運営されているものが多い。民営化は健全な競争を促進し、効率的な運営が行なわれるとともに、鉄道を民間に委《ゆだ》ねることで政府の持つリソース節約につながり、他の公共サービスやプロジェクトに予算を割り当てることも可能と、そのメリットは大きい。

しかし、市場が小さな地方では、民間鉄道といっても、自治体からの補助を受けている事業者が多く、その実態は半官半民である。また、国鉄分割民営化によって生まれたJR北海道、

ＪＲ四国、ＪＲ九州も経営基盤が弱いとして、政府から経営安定基金を交付されており、完全民営化を果たしたＪＲ九州を除き、現在も鉄道・運輸機構がＪＲ北海道とＪＲ四国の株式を１００％保有しており、**実質、国有に近い状態**である。

このように、鉄道事業者でも純粋な民間企業として成立するのは、都心部に路線を持つ事業者に限られる。完全民営化されたＪＲ本州３社とＪＲ九州は、地方私鉄のように自治体からの補助を原則受けていないため、赤字ローカル線を維持する必要がなく、また、**赤字部門を放置することは株主の利益に反し、廃止とするのが民間企業としての正しい姿勢**といえる。

それにもかかわらず、これまで赤字ローカル線を維持できたのは、都心部における輸送密度の高い路線、新幹線など旅客単価が高い路線といった高い収益性に加え、駅ナカビジネスなどの周辺事業を拡大することで、グループ全体の収益を拡大し、それらの収益でローカル線の赤字をカバーする、いわゆる「内部補助」が成立していたからだ。

しかし、そのビジネスモデルはコロナ禍による需要の激減で破綻《はたん》し、その結果として、ＪＲ各社は「赤字部門の縮小＝赤字ローカル線の廃線」を求めているのが現状である。

一方で、鉄道が公共インフラという事実がある限り、鉄道会社がむやみに路線を廃止することは好ましくなく、政府が民間企業であるＪＲに対しても、一定の制限を設けているのはそれが理由である。

また、自治体にとっても、JR各社が国鉄から分割民営化されたという経緯から、**ローカル線といえども、あって当然の存在**となっており、民営化当時は国鉄と同様に維持されるという方針だったこともあり、廃線にはなかなか応じられないという事情がある。民間企業の論理で企業活動を行なうJR本州3社とJR九州においては、何とも歯がゆい状況である。

◉自治体が自力で鉄道を維持するためには?

議論の結果、廃線が決定し、自治体で鉄道を維持することになれば、その仕組みは第三セクターか上下分離となる。

第三セクターは自治体が主体となり、そこに民間の投資を加えるもので、国鉄時代の特定地方交通線廃止、整備新幹線開業にともなう並行在来線分離で路線を継承する枠組みとして、現在でも多くの路線が第三セクターで維持されている。

大半の路線は国鉄時代に廃止対象となったもの、整備新幹線開業によりJRから営業成績の低下が見込まれたものであるため、もともと黒字化できる見込みが低く、自治体からの補助金で赤字が補塡《ほてん》され、運営されている状態だ。

一方の上下分離は線路施設などの鉄道インフラ（下部）と運営（上部）を分離する方式であり、地方鉄道など厳しい経営状態に対処する手段として採用されている。この方式では、自治体などの公的主体が線路や車両などの下部を保有・維持し、民間企業が交通事業を運営し、公的主体にリース料や保守料を支払う方法が一般的だ。

上下分離方式にはいくつかの運営方法があるが、地方ローカル線の維持で用いられるのは「**公設型**」と「**みなし上下分離方式**」である。

公設型上下分離方式の代表例は只見《ただみ》線であり、福島県と沿線自治体が鉄道インフラを所有し、ＪＲ東日本は線路使用料を支払って、列車の運行を担《にな》っている。線路使用料はＪＲ東日本の経営を圧迫しない範囲に設定されており、ＪＲ東日本は只見線の赤字から逃《のが》れることができる。この方法は現在復旧を目指して協議が進められているＪＲ九州の肥薩《ひさつ》線でも熊本県がその導入を検討している。

みなし上下分離方式とは群馬県の上毛《じょうもう》電鉄などで採用されているもので、下部にあたる鉄道インフラの所有権を鉄道会社に残したまま、下部にかかる費用を自治体が補助するというものである。これにより、自治体は下部インフラを維持するための担当職員などが不要となり、行政側の人的コストを抑えられるメリットがある。

このように、いずれのケースでも自治体が路線の赤字を肩代わりする図式になっているため、単なる赤字のつけ替えという批判もあるが、その選択権は自治体にあり、**赤字を肩代わりしてでも、観光促進などの効果があると判断されれば、その選択が誤ったものともいえないだろう。**

◉路線の収支にこだわらない「クロスセクター効果」とは

鉄道の公的インフラという性質から、路線の収支にとらわれない「クロスセクター効果」という考え方も生まれた。

拙著『鉄道会社 データが警告する未来図』にて近江鉄道の上下分離方式導入にあたり採り入れられた考え方として紹介したが、その考え方は「地域公共交通の運行に対して行政が負担している財政支出」と「地域公共交通を廃止したときに追加的に必要となる分野別代替費用」を比較し、後者が上回れば、地域公共交通を維持するというものである。

具体例を出してみよう。鉄道が廃止されると、通学のためのスクールバスや通院のための病院行きのバスなどの設定が必要となるケースが考えられる。

その際、新たに設定するスクールバスなどの経費が鉄道を維持する経費を上回るのであれば、鉄道を維持したほうが安価で済むため、路線維持が正しい方策と見なされる。このように路線の収支だけで見るのではなく、廃線後の影響を可視化し、何が最適な方法かを算定するのがクロスセクター効果である。

ローカル線のあり方についてはさまざまな角度から検討されるようになったが、どのような方法であれ、これまで民間の鉄道事業者が抱えていた赤字を肩代わりする事実に変わりはなく、何らかの財源が必要となる。仮に観光促進のために鉄道を維持するのであれば、観光需要によって発生した税収とのバランスを考える必要があり、**一般的な行政サービスとするのであれば、交通税の導入など、何らかの財源が必要**だ。

このように地方において鉄道を民間企業として維持するのは難しく、公的インフラと見なされることが主流となっており、何らかのかたちで自治体の関与は避けられない状況だ。

「脱・鉄道」へ…。生き残りをかけた各社の戦略とは

少子高齢社会となり、今後の人口減少が見込まれる日本において、各鉄道会社は乗客あたりの単価の向上、鉄道外事業の拡大を図ってきた。しかし、コロナ禍により、固定費の大きな鉄道事業のデメリットが浮き彫りになり、鉄道会社は鉄道外事業の拡大を加速化させている。鉄道事業者のさまざまな取り組みを見ていこう。

◉駅ビル・宅地開発は補完事業から単独事業へ

ターミナル駅に駅ビルを建て、商業施設やホテルなどを展開するビジネスモデルは鉄道会社の十八番ともいえる。

旧来の駅ビル事業は休日の買い物、レジャー需要における鉄道路線の需要喚起《かんき》であり、本業

の鉄道事業を補完する役割であった。しかし、近年の駅ビルでは大きな駐車場を備え、マイカーでの来店を意識したものも多い。鉄道需要だけに依存するものではなく、駅ビル単体での事業の確立が目的であり、JR九州が運営するアミュプラザにはとくにその傾向が見られる。

また、鉄道会社が自社路線の沿線を宅地開発し、乗客を増加させるというビジネスモデルも駅ビルビジネスとともに古くから確立されていた。しかし、これも鉄道事業から離れ、単独事業として成立するだけの規模になりつつある。

「走る不動産会社」と揶揄《やゆ》されることもあるJR九州は数多くの分譲マンションを手がけている。いまやJR九州の主要事業であるが、その事業はすでに九州内のみならず、川崎、京都、大阪などでも分譲マンションを販売している。しかも、その先にあるのはJR九州のブランドに頼らない、不動産業単体でのブランド確立である。

また、阪神阪急不動産はJR四国と共同で高松にマンションを開発した。このように自社沿線以外での事業展開の拡大を目指しており、その事業は鉄道事業の補完的な役割からデベロッパーとして鉄道事業とは離れたところで、単独事業として確立している。

◉まちづくりへの積極的な参画

これは不動産業、小売業拡大の延長線上にあるものだが、JR各社が目指しているのは、駅

という限られた範囲に止《とど》まらず、まちづくりに参画し、その中心に駅を据《す》えようというものである。その最たるものが、ＪＲ東日本による高輪ゲートウェイ地区である。

高輪ゲートウェイ地区については5章で触《ふ》れた品川駅の再整備計画と密接に関係し、内閣府や東京都の施策にリンクするスケールの大きさである。また、ＪＲ東日本は栃木県那須塩原市の那須塩原駅周辺まちづくりビジョンにも参画《さんかく》するなど、自治体の構想のなかで自社駅が果たす効果を最大限発揮できる方法を模索し続けている。

ＪＲ西日本も、三ノ宮駅ビルでは神戸市、旧梅田貨物駅跡地で進められる大阪駅西地区の開発計画では大阪市、建設中の広島駅ビルでは広島市の都市計画に組みこまれるなど、近年の駅ビル建設では、都市計画の核としての役割を与えられ、従来の鉄道事業の収益拡大としての役割を担っていた駅ビル開発とは一線を画している。

◉自社サービスへの囲いこみも進む

ＪＲ各社は「Ｓｕｉｃａ」「ＩＣＯＣＡ」といった自社ＩＣカードでのサービスを展開しており、それを定期券や携帯アプリなどと連携させることで、顧客の消費行動といったビッグデータを蓄積している。これらは**小売業などさまざまな鉄道外事業を展開するうえで、いまやＪＲ各社にとっては欠かせない**ものである。

また、JR東日本では2024（令和6）年春から、「JRE BANK」という名称で金融サービスを立ち上げる。楽天銀行のインフラを使って銀行口座を提供することで、オンライン、駅のATMなどでのサービス展開を予定しており、預金や住宅ローンでのポイント付与といった付帯《ふたい》特典も検討されている。

この事業の親和性は、鉄道事業よりも不動産や小売業といったところが強く、日常生活のあらゆる場面でJR東日本と関連企業がかかわる機会が得られる。それは**顧客の囲いこみができる「フレームワークの構築」を目的としており、「JR東日本経済圏」の創出が目標**だ。

一方、大手私鉄各社では改札機でのクレジットカードタッチ決済の導入が進められている。JR東日本が一社単独で展開する「PiTaPa」といった大手私鉄系列のICカードはあるが、これらはJR東日本が一社単独で展開する「Suica」のようなJR系のICカードとは異なる。「Pasmo」や「PiTaPa」では、何をするにも他の鉄道会社との調整が必要になるため自由度は低く、JR各社のような大きなメリットはない。

むしろ、クレジットカードタッチ導入による信販会社との一対一の取引のほうが私鉄各社にとっては柔軟性が高く、社内での決裁が可能となる。顧客情報の供与など取引においてさまざまな付帯条件を引き出すほうが得策と考えても不思議ではない。

顧客側から考えても、所有するカードやダウンロードするアプリが少ないに越したことはなく、クレジットカードの付帯特典を考えれば、クレジットカードタッチ普及により、ICカードを持たないという選択肢をとる人が増える可能性がある。大手私鉄のクレジットカードタッチ導入は「Ｓｕｉｃａ」や「ＩＣＯＣＡ」といったＪＲ系ICカードの脅威になりつつある。

◉異業種とのコラボで新規事業を開拓

鉄道外事業の拡大を急ぐＪＲ各社であるが、新規事業を展開するためのノウハウを獲得するために、ＪＲ各社はさまざまな方法で新規事業への足がかりを得るための取り組みを行なっている。

ＪＲ西日本は「アウトバウンド型オープンイノベーション」を推進し、自社が持つＡＩ技術などを他の企業が持つ技術とつなぎ合わせ、ソリューションビジネスとして展開している。ＪＲ四国はファンド会社を立ち上げ、中小企業に投資し、投資期間終了後にはＪＲ四国のグループ企業入りを選択肢とするなど、鉄道事業とはまったく関連のない業界との関係を深める取り組みを行なっている。

大手私鉄も沿線外への進出に貪欲《どんよく》であり、東急は新潟県と包括連携協定を締結し、新潟県産食材の流通促進や県内企業との事業連携といったサポートビジネスを展開。小田急は鳥取銀行と連携協定を結び、県内の人材育成、地方創生に向けてのソリューションの提案といったように、事業地域の拡大を図っている。

このように、鉄道会社は鉄道事業にとらわれず、あらゆるビジネスの可能性を探っており、その傾向は今後も強まっていくだろう。

◉切り詰められていく鉄道事業

人口減少が続く日本では、鉄道の利用者が増えることは考えづらく、首都圏ですら緩《ゆる》やかな減少が見込まれる。各鉄道会社は列車のワンマン化や短編成化、駅の無人化、みどりの窓口の閉鎖といったさまざまなコスト削減策を実行しており、赤字ローカル線の廃線も同じライン上にある。

一方、グリーン車やラッシュ時における有料座席の設定など、人口減少分を客単価の向上で埋め合わせる施策が顕著《けんちょ》に見られる。

鉄道会社にとって鉄道事業が柱であり、公共インフラを担う企業として信用を担保するものではあるが、**収益性に乏《とぼ》しく、今後大きな成長が見込めない事業であることもたしか**である。

鉄道事業にかけるコストを切り詰めながら継続し、いかに鉄道外事業を拡大していくか、各鉄道会社は難しい舵《かじ》取りが求められている。

「廃線→バス転換」も簡単ではない。目前にある公共交通の崩壊

人口減少社会における鉄道の価値、鉄道会社の鉄道事業に対する考え方において、鉄道事業の厳しさを見てきたが、それ以外にももっと深刻な問題がある。それは人手不足だ。

◉多くのバス路線の減便、廃止は避けられない

２０２４年問題は、働き方改革関連法により、２０２４（令和６）年４月１日以降、自動車運転業務の年間時間外労働時間が原則９６０時間に制限され、退勤から出勤までの休息時間が８時間から９時間に拡大されることなどによって引き起こされる乗務員不足を指す。

その問題はすでに表面化しており、各バス会社は２０２４年問題に備え、すでにバスの減便や路線の廃止を実行している。それは地方部のみならず、阪急バスの大阪梅田駅への路線が廃止されるなど、都市部でも路線の廃止が現実のものとなっている。さらに、大阪の金剛自動車のように、２０２４年以降、事業継続不可能として廃業を決めた事業者もある。

これまでと同様のシフトで乗務員が勤務することができず、そのためには増員が必要だが、新規雇用ははかどっていない。ほとんどのバス事業者が大型二種免許取得費用の負担などのサ

ポートを用意しているが、不規則な労働時間、乗客からのクレームなどストレスの多い労働環境に対し、その待遇が見合っていないと考えられている。

そもそも路線バス事業は収益性が低く、バス事業者のほとんどは高速バスや貸切バスでの黒字で路線バスの赤字を埋めており、それでも不足する場合、自治体からの補助金を受けて維持してきたという状態だ。

そこへコロナ禍により、収益性の高かった高速バスと貸切バスの需要が吹き飛んでしまい、収益性の低い路線バス事業だけを継続しなくてはいけない状況に陥《おちい》った。

バス事業者に乗務員の給与を大幅に改善するだけの余裕がなく、これといった解決策がない。完全自動運転が実現すれば、乗務員不要でバスの運行が可能となるが、その実現には時間がまだかかるため、当面は路線の整理、減便などで対応していくしかないのが現状だ。

◉深刻化する鉄道業界の人材流出

鉄道業界でも人手不足の問題が顕在化している。２０２３（令和５）年だけでも福井鉄道、とさでん交通、島原鉄道、長崎電気軌道が運転士不足により減便を行なった。ＪＲ北海道では２０２２（令和４）年度の全部門における退職者数が過去最高の２３２人に達しており、危機感を強めている。

運転士不足も問題だが、さらに深刻なのは保線作業員の不足である。広大な営業エリアを持つJR北海道では転勤、夜間の勤務や冬場の除雪作業などが退職の原因と考えられており、近年想定外の大雪に見舞われる北海道において、除雪作業員の不足は列車の運行に差し支えるため、深刻な問題である。

保線作業員の不足はJR東日本でも見られ、人員不足を保守時間拡大で埋め合わせるため、2024年春のダイヤ改正では上越新幹線の最終列車が20分繰り上げられる。保線作業員の給与だけを大幅に引き上げることもできず、作業の機械化によって労働力不足をカバーするしかないのが現状だ。

◉過酷な現実が突き付けられた公共交通の未来

バス、鉄道事業双方で人手不足が問題となっているが、**より深刻なのは実際にハンドルを握るドライバーの数が圧倒的に不足しているバス事業**である。このような状況において、鉄道路線を廃線にしても、それを引き継ぐバス会社がないという事態に陥ることは明白である。そうした事例はすでに現実のものとなっている。

石川県金沢市を拠点とする北陸鉄道は浅野川線、石川線という2つの鉄道路線とバス事業を行なっているが、鉄道事業はもともと赤字であり、高速バスや貸切バス事業の黒字で支えられてきた。そのビジネスモデルが崩壊したのは、コロナ禍による移動需要の消滅である。

これにより、稼ぎ頭《がしら》である高速バスや貸切バスの売上を失った北陸鉄道は、輸送密度が低い石川線の維持は困難として自治体の支援を仰ぎ、それを受けて金沢市などの沿線自治体は鉄道存続、バス転換、専用道を走るＢＲＴ（バス高速輸送システム）転換を比較し、さまざまな調査を行なった。

その結果、線路を撤去してバス専用道とするＢＲＴがもっともコスト面で優《すぐ》れていると結論づけられた。しかし、北陸鉄道でもバス乗務員は慢性的に不足しており、ＢＲＴを運行するためには、金沢市内や周辺地域を走る既存のバス路線を平日で約１６０便、休日で約２００便の減便が必要と報告された。

いかにコストに優れていても、それを担うバス乗務員がいないという実情から、自治体は最適な選択肢をとることができなかったのである。その結果、石川線のあり方については鉄道維持という選択肢しか残されておらず、利用者を増やすための活用策が今後検討されることとなった。

国鉄時代のローカル線の廃線であれば、それを継承するバス会社があり、ドライバーがいた。しかし、**現在ローカル線を廃線にしても、それを継承するバス会社がない**。２章で取り上げたように実際、２０２３年春に石狩沼田駅から留萌《るもい》駅までの区間が廃線となった留萌本線では、新規にバス路線が設定されず、既存のバスルートである旭川留萌線がその役割を担うこととなった。

また、事実上のバス転換が決定した根室本線の富良野駅から新得《しんとく》駅の区間でも、既存の旭川〜帯広の都市間バスを基幹路線とし、町営バスやオンデマンドなどを組み合わせ、沿線住民の利便性を極力損なわないようなネットワークが構築される予定だ。さらに北海道新幹線の並行在来線において廃線・バス転換が決まった函館本線の長万部《おしやまんべ》駅から小樽駅の区間についても、バス会社との調整が難航している。

このようにコストや需要を考えれば、バス転換が望ましい路線でも、担うべきバス会社がないという厳しい現実を突きつけられているなか、各地ではローカル線の存廃議論がどのように進められていくのか、その行き着く先は不透明である。

おわりに――

日本国憲法においては、
第13条（幸福追求権）
第22条（居住・移転および職業選択の自由）
第25条（生存権）

によって、交通権が保障されていると考えられており、国土交通省は「住民の要求を取り入れ生活の質を高める具体的な交通権保障は、地域交通協議会等を設置し、地方自治体の主導のもとで本来的責務として行うべき」と定義している。

ローカル線が廃線となった場合、このように沿線自治体はそれに代わる地域公共交通を用意する責務があり、これが、自治体が赤字ローカル線の廃線に安易に賛成できない理由の1つである。

また、国土交通省は一方の当事者である鉄道事業者（おもにJR各社を指す）もその責任を回避することはできず、仮に廃線となった場合、その後の代替交通についても十分に機能するような交通モードを用意するように指導している。

このような状況で、今後、存廃議論が進められるローカル線において、廃線後の姿を明確に描《えが》くことができるのは、タクシーやハイヤーの車両で対応可能な「超」がつくほどの閑散《かんさん》路線くらいである。その他の路線においては、バス転換が最適解であっても継承するバス会社がなかった北陸鉄道の事例のように、当面は鉄道を維持せざるを得ないという「消極的な鉄道維持」が選択肢として考えられるのではなかろうか。

しかし、利用者が増える見込みもないままにローカル線を維持したところで、それは延命措置に過ぎず、根本的な解決にはなっていない。消極的な維持とはいえ、鉄道路線を残すチャンスがきたのであれば、現状に甘んじることなく、敗者復活戦として鉄道路線を中心としたまちづくり、二次交通の整備も含めた観光促進など、目に見える成果が必要であり、そうでなければ、5年後、10年度には再び同じ問題に直面することになるであろう。

また、人口減少傾向が変わらない以上、広範囲に及ぶ公的インフラの維持は非効率的であり、やがて破綻《はたん》する。さらなる自治体の合併、人口や都市機能の集約化（＝コンパクトシティ）も視野に入れ、鉄道や路線バスといった交通モードも併せて整理、集約も必要となるだろう。

本書は鉄道を中心テーマにして解説してきたが、この問題は人口減少社会における課題を、その一部である鉄道という側面から切り取ったものに過ぎないということを結びの言葉とさせていただきたい。

- 西日本旅客鉄道株式会社「データで見るJR西日本」
- 静岡県知事直轄組織データ活用推進課「静岡県統計年鑑 運輸・通信」2022年3月15日
- 名古屋市「運輸・通信(名古屋市統計年鑑)」2023年9月7日
- 広島市「広島駅南口広場の再整備などにおける魅力的な駅前空間の創出について」2019年3月15日
- 西日本旅客鉄道株式会社「広島駅ビルの建替え計画について」2019年3月15日
- 熊本県企画振興部「阿蘇くまもと空港アクセス鉄道整備に向けた取組み状況」2023年7月
- 品川区 都市開発課「京浜急行本線(泉岳寺駅〜新馬場駅間)連続立体交差事業および北品川駅駅前広場(品川区画街路第7号線)事業」2021年10月18日
- 東日本旅客鉄道株式会社、京浜急行電鉄株式会社「品川駅街区地区における開発計画について」2023年8月29日
- 内閣府 国家戦略特別区会議「都市再生特別地区(品川駅街区地区)都市計画(素案)の概要」
- 日本プロジェクト産業協議会(JAPC)「新大阪駅周辺エリアの都市機能強化の提言」2018年3月13日
- 大阪府「新大阪駅周辺地域都市再生緊急整備協議会」2022年12月26日
- 北海道旅客鉄道株式会社「北5西1・西2地区第一種市街地再開発事業」2023年3月15日
- 札幌市 札幌駅交流拠点北5西1・西2地区市街地再開発組合「事業の概要」
- 神奈川県東海道新幹線新駅設置促進期成同盟会「東海道新幹線新駅を寒川町倉見地区へ」
- 愛媛県「JR松山駅付近連続立体交差事業」2023年3月28日
- 松山市「松山駅周辺土地区画整理事業」2020年11月18日
- 松山市コンパクトシティ推進協議会「松山市駅前広場整備実施計画(案)について」
- さいたま市「大宮駅グランドセントラルステーション化構想」
- 国土交通省 近畿運輸局「地域公共交通 赤字＝廃止でいいの？」
- 東日本旅客鉄道株式会社「JR東日本グループによる新たなデジタル金融サービス『JRE BANK』について」2022年12月13日
- 四国旅客鉄道株式会社「『四国・リレーションシップファンド』の設立について」2023年10月3日
- 金沢市 石川中央都市圏地域公共交通協議会「北陸鉄道石川線・浅野川線のあり方検討」2023年7月
- 東日本旅客鉄道株式会社「上越新幹線における終電時刻の繰り上げについて」2023年11月7日
- 朝日新聞「JR北海道、自己都合の退職者が初の200人超 転勤や夜勤が不人気」2023年4月3日

◉参考資料一覧

- 国土交通省「地域の将来と利用者の視点に立った ローカル鉄道の在り方に関する提言～地域戦略の中でどう活かし、どう刷新するか～」2022年7月25日
- 国土交通省「アフターコロナに向けた 地域交通の「リ・デザイン」に関する提言」2022年8月26日
- 国土交通省「貨物の輸送機関別輸送量の推移」
- 国土交通省北海道運輸局「数字で見る北海道の運輸 令和3年度版」
- 政府統計の総合窓口（e-Stat）「統計で見る日本」
- 国勢調査
- RESAS――地域経済分析システム「人口マップ、将来人口推計」
- 東日本旅客鉄道株式会社「路線別ご利用状況（2018年度～2022年度）」
- 一般財団法人自動車検査登録情報協会「自家用車乗用車の世帯当たり普及台数」2022年8月18日
- 館山市「館山市地域公共交通網形成計画」2020年3月
- 名寄市「名寄市地域公共交通網形成計画」
- 四国旅客鉄道株式会社「2022年度線区別収支の状況について」
- 国土交通省 東京航空局「管内空港の利用状況」
- 農林水産省大臣官房頭顎部「令和2年市町村別農業産出額」
- 農林水産省大臣官房頭顎部「令和3年市町村別農業産出額」
- 北海道旅客鉄道株式会社「石勝線（新夕張・夕張間）の鉄道事業廃止について」2018年3月23日
- 北海道旅客鉄道株式会社「『JR北海道 廃線跡地活用イノベーションプログラム』採択案件について」2023年4月12日
- 中国新聞「5年前廃止の三江線 橋の撤去は1割止まり 残りは「10年以上かかる」【鉄路のあす】」2023年5月1日
- 環境省「地域経済循環分析用データ」
- 長野県産業労働部「長野県商圏調査報告書 令和3年度」2022年4月9日
- 石川県 いしかわ統計指標ランド「令和3年 統計からみた石川県の観光」
- 金沢市経済局観光政策課「金沢市観光調査結果報告書 令和元年（2019）」
- 国土交通省 観光庁「訪日外国人旅行者数・出国日本人数の推移」
- RESAS――地域経済分析システム「観光マップ、From-to分析（宿泊者）」
- 東日本旅客鉄道株式会社「各駅の乗車人員」
- 「経済センサス――基礎調査結果」
- 「経済センサス――事業所・企業統計調査結果」
- 上越市「第3期中心市街地活性化プログラム～高田地区・直江津地区～」
- 国土交通省「令和5年地価公示」
- 長崎県「長崎市中心部の交通結節等検討会議（第3回）」2020年7月31日
- 京都市 総合企画局「京都市オープンデータ」
- みなかみ町 上毛高原駅を核としたまちづくり構想策定委員会「上毛高原駅を核としたまちづくり構想」2022年2月

＊本書の情報は２０２３年12月現在のものです

鉄道会社vs地方自治体
データが突き付ける存続限界

2024年1月20日　初版印刷
2024年1月30日　初版発行

著者◉鐵坊主

企画・編集◉株式会社夢の設計社
〒162-0041　東京都新宿区早稲田鶴巻町543
電話 (03)3267-7851(編集)

発行者◉小野寺優

発行所◉株式会社河出書房新社
〒151-0051　東京都渋谷区千駄ヶ谷2-32-2
電話 (03)3404-1201(営業)
https://www.kawade.co.jp/

DTP◉アルファヴィル

印刷・製本◉中央精版印刷株式会社

Printed in Japan　ISBN978-4-309-50449-0